Redacte usted mismo correspondencia privada de hoy

Equipo de expertos 2100

REDACTE USTED MISMO CORRESPONDENCIA PRIVADA DE HOY

dve
PUBLISHING

© Editorial De Vecchi, S. A. 2018
© [2018] Confidential Concepts International Ltd., Ireland
Subsidiary company of Confidential Concepts Inc, USA
ISBN: 978-1-64461-157-9

INTRODUCCIÓN

De todos es conocida la importancia de la comunicación entre los seres humanos. Podemos llegar a afirmar que la comunicación es consustancial a la naturaleza humana; que el hombre ha sentido siempre la necesidad de comunicarse.

A través de signos, por medio de las palabras, con figuras, a través de escritos, etc., los hombres se han comunicado entre sí, ya que comunicarse no es más que dar y recibir información. Información, en el sentido que más nos interesa, es el conjunto de noticias sobre una cosa, sobre un hecho.

Las formas y vías para comunicarse han variado a través de la Historia, y actualmente el hombre posee unos medios fantásticos para hacerlo, como el teléfono, el fax, el correo electrónico, etc.

Y es que la comunicación es imprescindible en todos los aspectos de nuestra vida. Así, observamos que en nuestra vida privada y familiar la comunicación entre las personas es absolutamente necesaria. Lo mismo ocurre en la vida comercial, pudiéndose afirmar que sin comunicación no existirían negocios ni empresas. Precisamente son estos ámbitos donde más uso se hace de los modernos medios técnicos de comunicación de que hoy en día dispone el hombre.

Tal vez la manera más completa de comunicarse con los demás, la que ofrece más posibilidades de expresar exactamente aquello que se desea, sea la escritura, la palabra escrita. La comunicación escrita abarca desde la exposición de un pensamiento filosófico hasta la redacción de una pequeña nota.

A pesar de la gran cantidad de medios de comunicación disponibles actualmente, el lenguaje escrito no ha perdido, ni creemos perderá nunca, un lugar preeminente. Además de ser la forma

5

más culta de expresión, ofrece la ventaja sobre casi todos los demás medios de permanecer, de dejar constancia. Nos permite también reflexionar a medida que vamos escribiendo, dominar y corregir sobre la marcha aquellos impulsos de los que, más tarde, pudiéramos arrepentirnos.

Este libro está dedicado a la expresión escrita dentro de nuestro ámbito privado y comercial. Con él intentaremos establecer las pautas que deben regir nuestros escritos, ayudándonos a determinar la conveniencia de comunicarnos por medio de una carta, una nota, un saluda o una instancia.

Dedicaremos un amplio capítulo a los medios más utilizados en la comunicación escrita en general, analizando sus ventajas e inconvenientes, para después, centrados ya en los escritos, hablar sobre la calidad que debe observarse en los mismos.

Después, dividiremos la correspondencia privada en tres bloques: la correspondencia de particular a particular, del particular a la empresa y del particular a la Administración. En cada uno de estos grandes capítulos, una pequeña introducción teórica nos dará las pautas que debe seguir cada forma de comunicación. Ejemplos claros y concisos ilustrarán cada uno de los casos.

El objetivo del libro no es otro que servir de ayuda y consulta a cuantos quieren hacer de sus escritos la base de la comunicación con sus semejantes.

LA COMUNICACIÓN ESCRITA

La comunicación es un fenómeno tan antiguo como el hombre mismo. El deseo de comunicarnos con nuestros semejantes es algo inherente al propio hombre.

Si analizamos este fenómeno de cerca, observaremos que ha ido evolucionando a la par que otros muchos; podríamos citar aquí la evolución del sistema telefónico, de la informática, etc.

Podemos dividir las comunicaciones en dos clases: habladas y escritas. En todo proceso comunicativo ha tenido, y tendrá siempre, mucha importancia la palabra escrita. A través de ella, una gran cantidad de información se difunde de un extremo del globo a otro, y gracias a los avances tecnológicos circula más rápidamente y con más eficacia.

La comunicación hablada se produce mediante la emisión de palabras que son percibidas por el oído de los interlocutores. El principal inconveniente que encontramos en ella es que al no quedar constancia material de la misma se debe confiar a la memoria, que no siempre es suficientemente buena para recordar todo lo hablado y, muchas veces, con el transcurso del tiempo olvida hasta lo fundamental de la conversación sostenida. Las comunicaciones escritas, contrariamente, permanecen y permiten recordar en cualquier momento lo dicho, sin que se altere el contenido.

En esta parte nos referiremos a la comunicación escrita como forma básica, fundamental, en todo proceso que tiene por objeto transmitir una información.

Por comunicación escrita entendemos aquellas formas de comunicación que utilizan un soporte cualquiera y son percibidas a través de la vista. El soporte es el elemento material en el que queda fijada la comunicación.

La forma normal de las comunicaciones escritas, como su mismo nombre indica, es la escritura de palabras mediante la utilización de las letras del alfabeto. Sin embargo, el hecho de que ésta sea la forma normal no quiere decir que sea la única. Así, en las comunicaciones escritas se pueden utilizar dibujos, fotografías, símbolos, gráficos, etc.

Como no es posible escribir o dibujar en el aire, es preciso utilizar un elemento material adecuado en el que quede fijada la comunicación. También necesitaremos otros medios manuales o mecánicos, tales como lápiz, bolígrafo, máquina de escribir, fotocopiadora, etc. A todos ellos nos referiremos ampliamente en este capítulo.

Antes profundizaremos un poco más en el concepto de comunicación escrita.

CLASES DE COMUNICACIÓN ESCRITA

Podemos clasificar las comunicaciones escritas desde diversos puntos de vista:

a) Atendiendo a los *medios utilizados*, tanto en lo que al soporte como a la técnica empleada se refiere, tendremos una cantidad muy numerosa de comunicaciones escritas: escritura manual, escritura mecanográfica, escritura mecánica (reproducción), fotografía, dibujo, telegrama, etc., sobre papel, cartón, cartulina, madera, etc.

b) Atendiendo al *medio empleado* para dar curso a las comunicaciones, las podemos dividir en postales si utilizamos el correo y telegráficas si hacemos uso del telégrafo o del télex, además de las de entrega en mano por medios propios o ajenos.

c) Atendiendo al *ámbito de circulación*, las clasificaremos en internas y externas. Son internas o interiores las que no salen de la propia empresa, y externas o exteriores las que van destinadas fuera de la empresa.

d) Atendiendo al *emisor y al destinatario*, podemos dividirlas en individuales y colectivas. Son individuales las realizadas por una persona o empresa y dirigidas únicamente a otra persona o empresa, en tanto que las colectivas se dirigen a un grupo de personas o empresas o han sido redactadas por uno de estos grupos.

e) Atendiendo a los *símbolos utilizados*, podemos dividir las comunicaciones escritas en normales, es decir, las redactadas mediante el sistema alfabético normal, y especiales, en las que se utilizan símbolos, dibujos u otros sistemas (gráficos, perforaciones, etc.).

MEDIOS MÁS USUALES EN LA COMUNICACIÓN ESCRITA

Para fijar nuestras comunicaciones debemos escribirlas, plasmarlas en un elemento material adecuado para que puedan ser leídas, y así se cumpla su finalidad: la comunicación. Este elemento recibe el nombre de soporte o medio, siendo el papel el más corriente, aunque existen otros muchos, como la tela, la madera, etc.

En este apartado describiremos los distintos soportes que se utilizan normalmente.

EL PAPEL

Sin lugar a dudas, el papel es el soporte más utilizado en toda comunicación escrita.

El papel es una sustancia elaborada con fibras vegetales adheridas las unas a las otras, para así formar láminas muy delgadas que sirven de soporte perfecto para la escritura.

Se trata de una materia constituida por la yuxtaposición de fibras de celulosa previamente suspendidas en agua, que forma el armazón interno y que le confieren las características mecánicas, por unos pigmentos y cargas sólidas tales como el talco, el yeso, etcétera, que llenan los intersticios de la estructura fibrosa y modifican las características físico-mecánicas, la densidad, la opacidad y la porosidad, y, finalmente, por una serie de compuestos químicos (aditivos) cuyo fin es protegerlo de la acción de la humedad (encolantes), matizar su tonalidad y aproximarla al blanco (colorantes) y dotarlo de otras características especiales.

9

El uso del papel aumentó considerablemente después de la invención de la imprenta por J. Gutenberg en el siglo XV, aunque no alcanzó su fase industrial hasta finales del siglo XVIII.

Este invento, a la par que la evolución de la cultura, y el desarrollo de la prensa periódica, hizo que la materia más utilizada hasta entonces (algodón, lino, etc.) fuera insuficiente e inadecuada. De esta manera, la invención de la desfibradora, máquina que permite la rápida trituración de los troncos de madera, convirtió la madera en la primera fuente de celulosa.

TIPOS DE PAPEL

Es conveniente que el papel que utilicemos sea de una cierta calidad, proporcionada al uso que de él se vaya a hacer. Lógicamente para una comunicación interior no será imprescindible una buena calidad de papel, pero sí cuando se trate de una comunicación exterior.

El grosor del papel está determinado, en parte, por la calidad, que a su vez está muy influida por el peso, que deberá ser igualmente adecuado al uso a que se destine. Evidentemente, no precisaremos el mismo grosor para las cartas que para las copias de las mismas (papel copia o cebolla).

No son recomendables los papeles rugosos ni los muy satinados o brillantes.

Existe una gran cantidad de tipos de papel. En este apartado intentaremos ofrecer una completa lista de los más utilizados en el campo de la correspondencia, tanto comercial como privada.

- *Papel autocopiativo:* Empleado preferentemente en las oficinas, se trata de un papel que tiene una de las caras recubierta por una sustancia que deja huella cuando se somete a una determinada presión local. Se utiliza para obtener copias directas de un escrito, ya sea a mano o a máquina, sin la necesidad de intercalar un papel carbón.

- *Papel avión:* Papel muy fino que se emplea para escribir cartas que deben ser enviadas por avión. Gracias a su casi inapreciable peso, consigue rebajar notablemente las tarifas de envío.

- *Papel barba*: Papel de tinta cuyos bordes no están recortados.

- *Papel de calco*: Papel muy transparente que permite reproducir, a través de él, dibujos, escritos, etc.

- *Papel carbón*: Papel muy delgado, liso y regular, tratado por una cara con una mezcla de alcohol y glicerina y por la otra con un colorante impermeabilizado, que se emplea para obtener copias de un escrito, preferentemente en la máquina de escribir.

- *Papel de carta*: Papel hecho con pasta muy alisada que se utiliza para la correspondencia, tanto privada como comercial.

- *Papel cebolla*: Papel muy fino, destinado a copias mecanografiadas.

- *Papel cuché*: Papel provisto de una capa de estuco que le confiere impermeabilidad, muy satinado y barnizado, y que se utiliza para grabados, fotograbados, etc.

- *Papel cuadriculado*: Papel que lleva impresa una cuadrícula para facilitar, de esta manera, la escritura o el dibujo.

- *Papel engomado*: Papel con una capa adhesiva en una de sus caras.

- *Papel milimetrado*: Papel que tiene impresa una cuadrícula de 1 mm de dimensión lateral y que se utiliza preferentemente para realizar representaciones a escala (gráficos, diagramas, etcétera). Cuando la cuadrícula está graduada en una o en dos escalas logarítmicas, el papel se llama, respectivamente, semilogarítmico o logarítmico.

- *Papel offset*: Papel flexible, de grano fino y, normalmente, de baja calidad, que se utiliza para la impresión en el sistema offset.

- *Papel pergamino:* Papel de aspecto parecido al pergamino y que se emplea en las ediciones de lujo.

- *Papel prensa:* Papel hecho de pasta mecánica y aprestado con bisulfito sódico, que se utiliza para la edición de periódicos y revistas.

- *Papel rayado:* Papel en el que se imprimen unas líneas horizontales según una combinación preestablecida, para facilitar la escritura. Se emplea en taquigrafía, música, etc.

- *Papel secante:* Papel no encolado y grueso, que se utiliza para secar la tinta de un escrito.

- *Papel de música:* Papel que tiene impresos los pentagramas a distancias regulares y que se utiliza para escribir música.

- *Papel tela:* Tejido transparente, barnizado, que se utiliza principalmente para dibujar planos o mapas.

- *Papel térmico:* Papel recubierto de una emulsión termosensible de un color claro que pasa instantáneamente a oscuro por efecto de una radiación térmica localizada. Se utiliza, mayoritariamente, en las impresoras térmicas como soporte para registrar datos.

- *Papel timbrado:* Hoja de papel donde aparece impreso un timbre del Estado y es de uso obligatorio para la redacción de ciertos documentos.

- *Papel de tina:* Papel hecho a mano, hoja por hoja, con tejidos de gran calidad, que se utiliza preferentemente en las ediciones de lujo.

- *Papel vegetal:* Papel sulfurado y calandrado en caliente, de aspecto transparente y muy resistente, usado principalmente por dibujantes o arquitectos para la presentación de planos, dibujos, etcétera.

• *Papel vitela*: Papel hecho a mano, con una forma provista de una tela metálica de abertura muy pequeña, que se utiliza para realizar grabados o ediciones de lujo.

Para las tarjetas postales y tarjetones se emplean los siguientes tipos de papel:

• *Cartulina*: Hoja rígida, más gruesa que el papel ordinario, obtenida de la pasta de papel o bien uniendo un cierto número de hojas de papel una con otra.

• *Papel cuché*: (ya citado).

TAMAÑOS DEL PAPEL

Las medidas más utilizadas para el papel de carta, y para la correspondencia privada en general, son las siguientes:

- *Holandesa*: 21'5 x 27'5 cm
- *DIN A-4*:   210 x 297 mm
- *Cuartilla*: 15 x 22 cm

Para cartas comerciales, contratos y demás escritos en general se utilizan los tamaños anteriormente citados y, además;

- *Folio*:   22 x 32 cm
- *Folio*
  prolongado: 23 x 35 cm o
              23'5 x 35 cm
- *DIN A-5*   148 x 210 mm

El hecho de que exista tal disparidad de tamaños ha creado dificultades, por lo que se han ido unificando o normalizando las medidas. Con esta idea se crearon unos organismos internacionales, como el ISO (International Standardization Organization), la FIA (Federación Internacional de Documentación), etc., existiendo igualmente organismos de carácter nacional que se encargan de elaborar sus propias normas. Así, por ejemplo, en España el Insti-

13

tuto Nacional de Racionalización del Trabajo ha publicado recientemente las normas UNE; en Alemania existen las normas DIN, en Francia las NF y en Estados Unidos las normas USAS.

Según las normas UNE españolas, el formato básico del papel es el A-4 de 297 x 210 mm, que viene a sustituir al folio.

Es conveniente, pues, utilizar el papel de un tamaño normalizado. Y debemos tener presente estas medidas tanto en el tamaño básico como en los tamaños menores, ya que es más práctico guardar siempre la debida proporcionalidad.

COLOR DEL PAPEL

El color del papel será, preferiblemente, blanco. Sin embargo, dependerá también del uso que de él vayamos a hacer. El papel de carta, por ejemplo, puede ser de color crema o paja muy claro. Hoy en día, existe en el mercado papel de carta de todos los colores y tonalidades, pero este tipo de papel se acepta sólo en la carta personal. Es totalmente impensable utilizarlo para la correspondencia comercial.

A menudo, para las copias en talonarios puede resultar interesante que cada una sea de un color distinto con el fin de que el color nos indique ya el destino que debemos dar a cada copia. Se elegirán siempre colores muy claros. Los colores oscuros nos dificultarían la lectura de lo que ya se encuentra impreso y de lo que nosotros escribiríamos.

LOS SOBRES

En este apartado nos referiremos tanto a los sobres que utilizamos para la correspondencia privada como para la comercial, pues todos deben atenerse a las mismas normas en cuanto a su tamaño y color.

Entendemos por sobre aquella cubierta o bolsa de papel o cartón que sirve para poner dentro una carta o cualquier otro mensaje escrito. En él debe escribirse el nombre, la dirección completa, etcétera, del destinatario, así como las señas del remitente.

14

El tipo de papel más usado en la confección de sobres es el liso, alisado o satinado. Existen también los elaborados en tela, pergamino, papel de tina, etc.

TIPOS DE SOBRES

Además de los sobres normales (cuadrangulares) en los que varía la proporción entre la anchura y la longitud, existen otros tipos de sobres:

• *Sobre de ventanilla:* Se utiliza preferentemente en el ámbito comercial. No es necesario escribir en él la dirección del destinatario pues sirve la escrita en el encabezamiento de la carta. La ventanilla, al ser transparente, la deja ver. Se debe ser cuidadoso al escribir la dirección en la carta para que, una vez doblada, coincida con la ventanilla.

• *Sobre comercial:* En los sobres comerciales, el nombre de la empresa, la dirección y, muchas veces, el anagrama, aparecen impresos en la parte delantera de los mismos.

TAMAÑO DE LOS SOBRES

Al tratar, en el siguiente capítulo, del Servicio de Correos y de su normalización, nos referiremos al tamaño que deben tener los sobres. Aquí, y sólo a modo de resumen, diremos que la Dirección General de Correos ha establecido unas medidas mínimas y máximas a las que se deben ajustar los diferentes sobres. De ser más pequeños, no se admitirán en las oficinas de Correos. Si son de mayor tamaño, pagarán doble o triple franqueo, según la proporción. Estas medidas estándar son las siguientes:

— 90 x 140 mm de largo
— 120 x 235 mm de ancho

COLOR DE LOS SOBRES

Al igual que decíamos para el papel, el color preferible para los sobres es el blanco u otro color muy pálido. La explicación es muy simple: en los sobres es muy importante que las señas del destinatario queden perfectamente claras. El uso de un color oscuro en los sobres podría dificultar la lectura y posterior reparto del sobre.

Hoy en día, sin embargo, existen en el mercado sobres de todos los colores. Los más oscuros se pueden utilizar para aquellos mensajes que se entregan directamente a la persona interesada sin pasar por el Servicio de Correos, y los de tonos más claros para el correo ordinario.

MEDIOS MANUALES

Son muchos los medios manuales que se utilizan en la comunicación escrita. Nos ocuparemos ahora de los más comunes, tanto en la correspondencia privada como en la comercial. En función de la finalidad de nuestros escritos, emplearemos uno u otro medio, intentando escoger el mejor de ellos para dotar de calidad y pulcritud nuestras comunicaciones.

• *Bolígrafo:* El bolígrafo es, sin lugar a dudas, el medio manual para escribir más conocido y usado por la mayoría de las personas en la correspondencia privada.

Se trata de un instrumento provisto de un pequeño depósito de tinta viscosa cerrado en un extremo por una bola de acero de menos de un milímetro de diámetro la cual, al ser presionada sobre la superficie del papel, deja pasar la tinta, que sale del depósito e impregna la parte exterior de la bola y el papel.

Gran parte de los bolígrafos que existen hoy en día en el mercado tienen un dispositivo que permite sacar, a voluntad, de su funda, el extremo que contiene la bola. Estos bolígrafos constan de un resorte que desplaza el depósito hacia fuera y de un muelle que actúa en sentido contrario.

• *Goma de borrar:* Si escribimos o dibujamos con lápiz, y aun si lo hacemos con bolígrafo o pluma, necesitaremos una goma de borrar para eliminar los errores.

Las gomas de borrar son unas piezas hechas de caucho de diferentes tamaños. Existen diversos tipos de gomas, adecuados a la superficie y al tipo de tinta que se utilicen.

- *Lápiz:* El lápiz es, tal vez, el medio manual más simple, pero a la vez uno de los más utilizados.

Se trata de un pequeño trozo de ciertos minerales blandos y untuosos al tacto. Está constituido por una mina incluida en una barrita de madera, cuya cabeza termina en punta para dejar al descubierto el extremo de la mina. El lápiz se utiliza para dibujar o para escribir.

- *Portaminas:* Lápiz automático. Se trata de varias barritas de grafito contenidas en un cilindro de plástico o metal. El extremo superior del cilindro se encuentra tapado; el inferior, posee una pequeña abertura cuyo diámetro coincide con el tamaño exacto de una mina.

La acción que se ejerce al presionar el resorte colocado en el extremo superior, juntamente con el muelle que se halla en el inferior, provoca la salida de un trozo de mina. Cuando se terminan las minas, se pueden volver a reponer fácilmente abriendo el portaminas por el extremo inferior.

Por la delgadez de sus minas, el portaminas es muy utilizado en los escritos o dibujos donde se busque la precisión de trazado.

- *Pluma:* Antiguamente se utilizaba mucho para cualquier escrito, pues no se conocían, o, simplemente, no existían otros medios.

Originariamente la pluma era un instrumento que servía para escribir y estaba constituida por un mango, normalmente de madera o de metal, en cuya punta se encontraba fijada una lámina metálica llamada plumín, que se debía mojar continuamente en tinta.

Después del invento de los plumines flexibles por J. Perry en el año 1830, el nuevo instrumento fue asumiendo nuevas formas e incorporando nuevos accesorios, algunos de los cuales, como el depósito de tinta, se habían aplicado ya a las plumas de oca.

En 1884, L. E. Waterman patentó la primera *pluma estilográfica.* En ella, el depósito de tinta incorporado al mango podía recargarse por diferentes sistemas, o bien ser sustituido, cuando se vaciaba, por otro lleno.

En la actualidad su uso queda limitado a pocas personas que, o bien la han utilizado toda la vida, o empiezan ahora impulsadas por alguna moda. Pero lo cierto es que la pluma ha ido perdiendo adeptos a raíz de la extraordinaria difusión del bolígrafo. El precio y la facilidad de uso que ofrece el bolígrafo ha dejado atrás a la pluma, objeto sensiblemente más caro y de funcionamiento más complejo.

- *Rotulador:* Instrumento que se utiliza para escribir o dibujar, provisto de un pequeño depósito constituido, generalmente, por una materia absorbente empapada de tinta, en contacto con una punta de fibra textil más o menos gruesa con la que se escribe al pasarla sobre el papel.

Los rotuladores, originariamente de punta gruesa y específicos para escribir anuncios o carteles, pueden ser de tintas de distinta naturaleza. Todo dependerá de la superficie sobre la que debamos escribir. También existen rotuladores de punta muy fina que pueden sustituir, en muchos casos, la pluma o el bolígrafo.

MEDIOS MECÁNICOS

Los medios mecánicos en la comunicación escrita se utilizan, básicamente, en el terreno de la correspondencia comercial y dentro del ámbito de una oficina. Veamos los más importantes.

- *Máquina de escribir:* La máquina de escribir es el aparato más utilizado en la oficina para la comunicación escrita. Más o menos perfeccionada, más o menos evolucionada, la máquina de escribir se ha convertido en un instrumento indispensable para este fin.

Se trata de un aparato que permite imprimir en un papel unos caracteres tipográficos por medio de unos mecanismos de palanca. Consta, generalmente, de un teclado que sirve para accionar el mecanismo que levanta el llamado carácter de imprenta, el cual, golpea el cilindro del carro que sujeta el papel. Entre el carácter de imprenta y el papel se encuentra una cinta impregnada de tinta.

La máquina de escribir tiene también unos mecanismos auxiliares: el espaciador, el regulador de márgenes, los tabuladores, etcétera, elementos que facilitan el funcionamiento de la misma y que dan calidad a los escritos.

Si bien con el uso del papel carbón se pueden obtener copias de un mismo escrito, la máquina de escribir sirve fundamentalmente para comunicaciones o documentos individuales, ya que el número de copias legibles es muy limitado.

Para borrar lo escrito con la máquina se utilizan gomas especiales o los papeles-borradores con tratamiento químico; algunas máquinas llevan incorporada una cinta borradora para este fin. Todos estos sistemas borran sólo el original, y ensucian o marcan más el error en las copias. Por ello, al borrar, si se está sacando copias conviene poner trozos de papel blanco entre el papel carbón y la copia, retirándolos antes de pulsar la tecla correcta.

Actualmente existen máquinas de escribir eléctricas que han dejado atrás a las tradicionales. Con ellas se puede escribir mucho más deprisa y la calidad de los documentos es asombrosa.

• *Fotocopiadora:* Para los documentos o comunicaciones escritas de carácter colectivo, si el número de destinatarios es elevado, nada mejor que usar una máquina fotocopiadora.

Este aparato consta de un cuerpo principal, destinado a impresionar el manuscrito sobre el papel sensible, y de una parte destinada al revelado. El cuerpo principal está formado por una fuente de luz, un vidrio esmerilado y una tapa que actúa de prensa. La parte reveladora consta de una serie de cilindros que facilitan el paso de la copia ya impresionada por el líquido revelador y la devuelven una vez está revelada.

El tiempo que debe actuar la luz sobre el papel sensible se regula por medio de un mecanismo de relojería graduable a voluntad.

A pesar de las facilidades y la rapidez que nos ofrece la máquina fotocopiadora, si el número de copias es muy elevado resulta más práctico encargarlas a una imprenta, o bien confeccionarlas en la propia oficina utilizando la multicopista (máquina fotocopiadora de mayor capacidad) o la máquina de offset, del tipo oficina.

• *Máquina de offset:* El offset es un sistema de impresión basado en el principio de repulsión que existe entre el agua y las materias grasas.

19

Las máquinas de offset tienen, fundamentalmente, tres cilindros, que son los que llevan a término la impresión. La plancha impresora, montada en el primer cilindro, transmite la imagen al segundo cilindro, recubierto de caucho, el cual imprime el papel que pasa entre éste y el tercer cilindro. Las máquinas de offset disponen de baterías de rodillos, uno de los cuales humedece la plancha impresora y los otros la tintan, de manera que las zonas que llevan la imagen admiten las materias grasas (las tintas) y las partes blancas sólo el agua.

El sistema de impresión tipo offset es llamado también de impresión indirecta, ya que, contrariamente a los otros sistemas tradicionales de impresión (litografía, tipografía, fotograbado), la plancha impresora no tiene contacto con el papel.

Este sistema se impuso sin dificultad en el mercado por la rapidez y por su precio extraordinariamente competitivo, más que por su calidad.

- *Estenotipia:* Para la toma de dictados resulta de gran utilidad la estenotipia. Esta máquina permite tomar apuntes a una velocidad muy superior a la que se alcanza con la taquigrafía y además facilita la traducción ya que imprime los textos en forma simplificada, con caracteres alfabéticos, de tal manera que pueden ser leídos sin que haga falta ningún aprendizaje especial.

Su funcionamiento es muy simple: se basa en la pulsación múltiple simultánea y en un sistema de abreviatura. La máquina va provista de un teclado mucho más sencillo que el de las máquinas de escribir ordinarias, y se pueden pulsar simultáneamente varias teclas para imprimir una sílaba o una palabra.

- *Máquinas auxiliares para la preparación del correo:* Hay empresas que mueven un volumen importante de correspondencia. Para ellas, es de gran utilidad poseer una serie de máquinas que les faciliten la tarea de plegar el impreso, ensobrar y franquear los sobres.

— Máquina plegadora: Esta máquina dobla el papel, impreso o carta, en uno o más pliegos y en la forma deseada por el usuario, previa regulación de la máquina. Las más sofisticadas también lo cortan o lo puntean.

— Máquina ensobradora: Introduce el papel doblado dentro de los sobres.

— Máquina plegadora-ensobradora: Esta máquina realiza las dos funciones citadas anteriormente.

— Máquinas impresoras de direcciones: Estas máquinas resultan de especial ayuda en las empresas que envían periódicamente información, catálogos, revistas, ofertas, etcétera, a sus clientes.

En el mercado existe gran variedad de máquinas que realizan esta función, pero para todas ellas hay que tener siempre preparado un fichero con la ficha, cliché, etc., de cada cliente o empresa a la que se desea remitir la información.

Las direcciones pueden imprimirse directamente en los sobres, o bien en tiras de papel o en pequeñas etiquetas que se pegan posteriormente a los sobres.

— Máquinas franqueadoras: Estas máquinas imprimen en el sobre, paquete o en una tira de papel, el franqueo necesario. De esta manera se evita el uso de los sellos de correos.

Para utilizar una máquina de este tipo se debe contar con el permiso de la Administración de Correos.

MEDIOS TELEFÓNICOS

Sobre las posibilidades que la ciencia actual nos ofrece para hacer llegar más rápidamente a su destino nuestras comunicaciones, hablaremos en el capítulo siguiente cuando nos refiramos a las comunicaciones urgentes. Ahora, sólo daremos una visión general de dos sistemas o aparatos de gran utilidad en las empresas, que funcionan por vía telefónica. Ellos nos permitirán plasmar nuestra comunicación no en nuestra hoja de papel, sino directamente en la del destinatario.

• *Télex*: Empresas, industrias, comerciales de servicios, entidades públicas y órganos de la Administración tienen en sus dependencias un aparato de simple manejo, con un teclado mecanográfico, que les permite enviar en cualquier momento mensajes a otros abonados, o bien recibirlos.

Sistema de telegrafía rápida, basado en el uso del teletipo y organizado como un servicio público al alcance de diferentes abonados conectados permanentemente a la red. Cada uno de los abonados tiene un determinado número de identificación. La comunicación se produce por vía telefónica.

Los textos pueden ser transmitidos directamente por la línea o estar registrados previamente en una cinta de papel mediante un dispositivo perforador-codificador que después transmite el mensaje automático a gran velocidad.

Dado que el importe de la comunicación depende del tiempo de ocupación de la línea telefónica, este sistema resulta muy práctico y económico.

• *Telefax:* (llamado más comúnmente fax): Proceso de transmisión de documentos, textos, impresos, cartas, imágenes, fotografías, etc., mediante la línea telefónica y la reproducción sobre papel.

En el telefax se pueden distinguir claramente tres fases; la lectura, la transmisión y la restitución. La lectura se hace mediante un barrido electrónico y, generalmente, en este momento se lleva a cabo también una conversión analógico-digital para hacer una codificación de la información antes de la transmisión.

La transmisión se realiza a través de la red telefónica o también hay la posibilidad de hacer un enlace vía satélite. En el momento de la recepción, en el aparato del destinatario se lleva a cabo la restitución sobre un soporte de papel.

MEDIOS INFORMÁTICOS

Hoy por hoy, la informática se ha vuelto imprescindible en casi todos los ámbitos de nuestra vida. El ordenador personal está sustituyendo, de forma acelerada, a la máquina de escribir. Veamos resumidamente los medios que nos ofrece la informática en nuestras comunicaciones escritas.

• *Ordenador*: Aparato o sistema que, a partir de unos datos de entrada, es capaz de elaborar una información o resultados siguiendo una serie de operaciones para las cuales ha sido previamente programado.

En un ordenador existen dos partes fundamentales: el *hardware* y el *software*. El *hardware* es el conjunto mecánico que constituye el equipo electrónico. El *software* es el conjunto de programas de los que dispone el sistema para traducir y tratar la información dada por el usuario. La parte principal del *hardware* es la unidad central de proceso, que se compone de:

a) *unidad de control*, que supervisa y distribuye las tareas a realizar por el resto de las unidades, emitiendo las señales necesarias para su ejecución a la unidad aritmético-lógica (unidad de cálculo);

b) *unidad aritmético-lógica*, que realiza las operaciones aritméticas y lógicas;

c) *memoria principal*, sistema de almacenamiento de programas y datos de la unidad central.

Aunque se trata de una ciencia en constante cambio, podemos hablar de algunos tipos básicos de ordenadores, los más usados y conocidos por el público en general:

• *Ordenador de bolsillo*: máquina de calcular.

• *Ordenador de sobremesa*: ordenador autónomo de dimensiones reducidas que trabaja con monoprogramación.

• *Ordenador doméstico*: ordenador individual utilizado para fines domésticos.

• *Ordenador individual*: ordenador de diseño y configuración tecnológica adaptados a un uso individualizado. También se le llama ordenador personal, distinguiéndolo así del ordenador destinado a uso profesional.

• *Impresora*: como complemento del ordenador, la impresora es el dispositivo periférico que escribe los caracteres que recibe directamente del ordenador, en papel continuo.

23

El *teletipo* fue el primer periférico capaz de transcribir los mensajes que le llegaban del ordenador, y se utilizaba tanto para introducir información como para recibirla. A pesar de su eficacia, resultaba demasiado lento. Pronto aparecieron las impresoras que sólo escribían, diseñadas para operar a altas velocidades.

El procedimiento de impresión más usual es la *impresión por impacto o percusión*, que consiste en el golpeo directo con un martillo de los caracteres que están dispuestos sobre una cadena, barra, bola, rueda (margarita), etc., o bien que están formados por medio de la selección de una serie de agujas de una matriz, llamándose entonces *impresión matricial*.

En el tipo de *impresoras de agujas o matriciales* los caracteres están formados por una matriz de puntos y una serie de agujas que golpean sobre una cinta tintada, detrás de la cual se encuentra el papel. Ya que la impresión se lleva a cabo mientras el carro se desplaza, se debe asegurar la posición con gran precisión (aproximadamente del orden de 0,1 mm entre punto y punto).

Para este fin se suele adoptar una solución óptica, de tal manera que se sigue el movimiento del carro mediante un emisor de luz y un fotodetector.

Cada aguja deja su huella en el papel, y todas las huellas juntas componen o forman el carácter a imprimir. Todas las agujas, que son de acero, están agrupadas y situadas unas sobre las otras, y su extremo superior o cabezal, más grueso, se encuentra dentro del campo magnético del núcleo de una bobina eléctrica.

La aguja está sujeta a un muelle y su parte más ancha se encuentra desplazada del núcleo de manera que, cuando se aplica un impulso eléctrico al solenoide, el campo magnético provoca un desplazamiento instantáneo de la aguja porque la parte ancha tiende a recibir el máximo número de líneas de fuerza y, por tanto, se desplaza hacia el centro de la bobina. Una vez parado el impulso, la bobina retrocede por la acción del resorte hacia la posición de reposo.

Ya que las agujas deben moverse con un sincronismo perfecto para poder formar los caracteres, hace falta un circuito que genere los impulsos necesarios que actúen sobre los solenoides de las agujas.

Existe otro sistema que prescinde de la cinta impregnada de tinta y que se basa en la impresión por procedimientos eléctricos sobre un papel que lleva una emulsión conductora. Cuando se introduce este papel en la impresora, entre éste y las agujas aparece una diferencia de potencial que proporciona una corriente de agujas que lo tocan y dejan una marca en el punto de contacto debido al calor producido en el instante de la descarga, razón por la cual a este tipo de impresoras se las llama *impresoras térmicas*.

Un tipo de impresora sin percusión es la *impresora de chorro de tinta*, en la que los caracteres se forman por medio de la proyección de pequeñas chorros de tinta sobre el papel. Las impresoras de chorro de tinta son muy silenciosas, trabajan a gran velocidad y proporcionan una gran calidad de impresión.

Su principio de funcionamiento consiste en la proyección de unas gotas de tinta sobre la hoja de papel, a una frecuencia de 120 kHz y a través de un gicler que es activado por un transductor piezoeléctrico.

Se coloca un electrodo cerca del lugar donde el rayo es transformado en gotas, que quedan cargadas y pueden ser desviadas cuando pasan por el campo eléctrico que se genera cuando se aplica una elevada diferencia de potencial entre dos placas. Cuanto más alta sea la descarga, mayor será la desviación, de tal manera que la máxima desviación corresponderá a la altura de un carácter (unos 3 mm). Las gotitas que no resultan cargadas se recuperan en un canal y son rápidamente recicladas. Las gotas obedecen las órdenes del generador de caracteres, que decide su desviación o escape.

Este modelo de impresoras es rápido. Si se las provee de cabezales con tintas de diferentes colores, estas impresoras pueden reproducir, al mismo tiempo que un texto, imágenes coloreadas.

Otro procedimiento sin impacto, es decir, sin desplazamientos mecánicos, es el de las *impresoras láser*.

Estas impresoras constan de un dispositivo láser de estado sólido cuyo rayo general, después de ser modulado a través de una señal digital procedente del sistema informático, incide sobre un espejo prismático que gira a una gran velocidad.

El rayo láser reflejado y desviado al mismo tiempo por una de las caras del espejo es focalizado por un juego de lentes condensadoras y dirigido sobre la superficie fotoconductora de un tambor que gira de forma sincronizada con el espejo.

El rayo barre de línea en línea la superficie lateral del tambor que está cargado positivamente y registra una imagen latente al descargar de forma total, parcial o nula cada punto de la línea barrida, según sea blanco, gris o negro el tono del punto de la imagen que se quiere imprimir.

Después, con un procedimiento análogo al de una copiadora xerográfica, el rodillo o cilindro queda empolvado con un pigmento cargado negativamente que, al aplicarle una hoja de papel cargada positivamente, le transfiere la imagen.

Este tipo de impresoras pueden reproducir ilustraciones de tonos grises y también pueden funcionar como fotocopiadoras si la señal eléctrica que modula el láser procede de una unidad lectora (escáner) que previamente ha digitalizado la imagen a reproducir mediante un barrido fotoeléctrico de su superficie.

EL SERVICIO DE CORREOS

Correos nos ofrece su servicio para hacer llegar a su destino las comunicaciones escritas. Existen también empresas privadas dedicadas al reparto de la correspondencia.

El Servicio de Correos tiene una importancia notable, pues en un plazo no muy amplio de tiempo y por un precio módico consigue que nuestras cartas, paquetes, etc., lleguen a nuestra misma ciudad o a los lugares más recónditos del mundo.

Mediante los *sellos de correos* o *las máquinas franqueadoras* se hace efectivo, normalmente, el importe de los servicios postales.

A efectos postales, podemos clasificar los envíos de la manera siguiente:

CARTAS

Consideraremos una carta a aquel papel escrito que se envía en un sobre cerrado a una persona determinada para comunicarse con ella. Su contenido no puede conocerse.

Los sobres que contienen las cartas no deben cumplir más requisito que el de adaptarse a los tamaños normalizados establecidos por la Dirección General de Correos. No se aceptarán, por ejemplo, aquellos sobres que sean más pequeños, y los mayores pagarán franqueo doble.

Tamaño normalizado de los sobres:

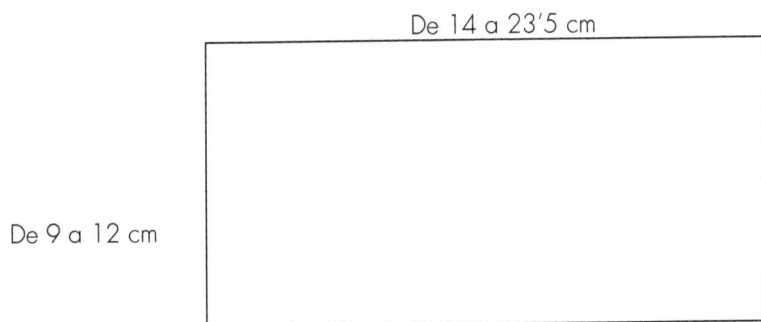

De 14 a 23'5 cm

De 9 a 12 cm

En tamaños intermedios, la longitud no puede ser inferior a la anchura multiplicada por 1'4.

El espesor máximo de los sobres es de 5 mm.

En el caso de los sobres con ventana transparente, las medidas deben ser las siguientes:

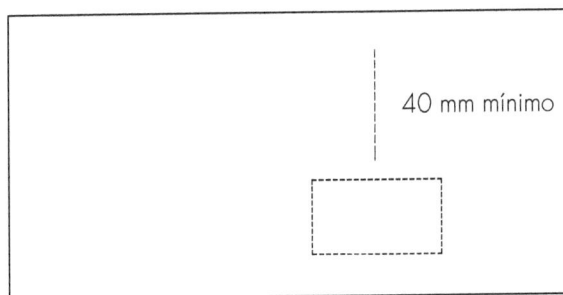

40 mm mínimo

Los sobres deben ser de color claro, preferiblemente blanco, aunque se pueden utilizar otros colores. El motivo es sencillo: en un sobre claro se puede leer mejor el nombre de la persona y la dirección a la que debe ser llevada la carta.

27

Las cartas se entregan siempre en el domicilio.

El importe del franqueo será el establecido por la Dirección General de Correos. Si no se sobrepasa el peso considerado normal, se pagará la tarifa ordinaria. Si el peso es superior, el precio se ajustará al incremento proporcional de la tarifa.

El envío de cartas al resto de países europeos suele hacerse siempre por avión, por lo que no deberemos indicarlo en el sobre. Sin embargo, si enviamos una carta a otro continente deberemos escribir en el sobre «Por avión», si deseamos que llegue por ese medio. Evidentemente, la tarifa variará, en este caso, sensiblemente.

TARJETAS POSTALES

Son cartulinas rectangulares cuyo contenido es actual y personal.

El anverso suele ocuparlo una fotografía, dibujo, grabado, ilustración, etc. El reverso se divide en dos partes: en la mitad derecha escribiremos el nombre y la dirección completa de la persona o institución a la que queremos hacer llegar la tarjeta, y en la esquina superior derecha pegaremos el sello del valor correspondiente; utilizaremos la mitad izquierda para escribir el mensaje.

El tamaño normalizado de las postales es el siguiente:

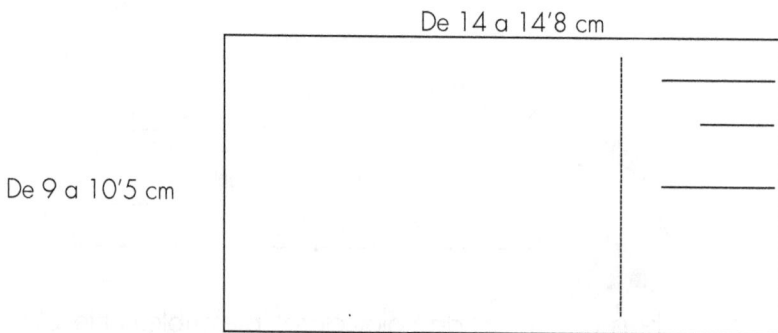

De 14 a 14'8 cm

De 9 a 10'5 cm

El peso de la cartulina o cartón empleado en las tarjetas postales debe ser superior a $180 \ g/m^2$.

La tarifa de las tarjetas postales no varía tanto como en las cartas. Existe una para los envíos locales y otra para las tarjetas que deben ser repartidas en el extranjero. Igualmente, las que se dirijan a los países europeos viajarán por avión, por lo que no hace falta hacerlo constar; sí lo haremos, en cambio, cuando las enviemos a otros continentes.

CERTIFICADOS

Para garantizar la llegada de un escrito o de un pequeño paquete, podemos utilizar el *correo certificado*. Correos se responsabiliza del mismo extendiendo un resguardo que debe ser firmado por el destinatario en el momento de su recepción y ser devuelto al remitente.

De esta manera, al recibir el resguardo firmado sabremos ciertamente que aquel sobre, paquete, etc., llegó a su destino, así como la fecha exacta de su recepción.

Los certificados se entregarán en mano a la persona a la que van dirigidos. En caso de encontrarse ésta ausente, puede autorizar la recepción y firma a otra persona mediante un papel escrito y firmado por ella.

El remitente pagará, además del sello según la tarifa vigente, otro especial para este servicio.

Se lacrarán los certificado destinados al extranjero.

VALORES DECLARADOS

A través de este sistema podremos enviar documentos de valor, dinero en billetes, pequeños objetos de valor, etc.

Los valores declarados son cartas o paquetes en los que se hace declaración de valor del contenido mediante el pago de un derecho de seguro.

En la cara anterior y en la parte superior del sobre o paquete escribiremos «Valores declarados ... ptas. (pesetas)». La cantidad de dinero correspondiente la escribiremos primero en números y luego en letras.

Los sobres o pequeños paquetes se lacrarán, como medida de seguridad y garantía.

El franqueo será el que corresponda al correo ordinario, más el certificado, más una pequeña tasa proporcional al valor declarado.

La oficina de Correos nos debe extender un resguardo. En caso de extravío, cobraremos en metálico la cantidad que hemos declarado.

IMPRESOS

Este sistema nos permite enviar gran variedad de cosas, siendo sus tarifas mucho más económicas que las del correo ordinario.

No se admitirán, sin embargo, cartas, papeles o documentos escritos a mano o a máquina. Deberán ser reproducciones efectuadas por medio de imprenta, litografía, multicopista, etc., es decir, impresos, sobre papel o cartón, con cualquier procedimiento tipográfico. Ésta es una definición de tipo general de lo que se considera «impreso»; en los casos particulares conviene consultar en el Servicio de Correos si lo que se va a enviar puede circular o no como tal.

Los ejemplos típicos de impresos que la mayoría de personas suele enviar son: periódicos, revistas, mapas, planos, dibujos, litografías, catálogos, anuncios, etc.

Únicamente se admitirán escritos a máquina si son anuncios o circulares comerciales, cuando se envíen en un número superior a diez.

Los impresos se pueden enviar dentro de sobres, envueltos o atados con un cordel, pero siempre se deberán presentar abiertos o de tal manera que se pueda examinar fácilmente su contenido, en caso de considerarse necesario, sin estropearlo.

En la oficina de Correos no se extiende ningún resguardo, por lo que si se llegasen a extraviar los impresos no se tendría derecho a indemnización alguna.

IMPRESOS PARA CIEGOS

Se trata de todos aquellos papeles, dibujos, revistas o periódicos que van dirigidos a los ciegos. Se diferencian de los demás porque la mayoría de ellos están transcritos al sistema Braille.

Normalmente se envían gratuitamente o con tarifas reducidas.

LIBROS

Circulan como si de impresos se tratase. En determinados casos, se benefician de una tarifa más reducida que la que se aplicaría a un impreso ordinario. Para ello se debe consultar siempre a Correos antes de realizar el envío.

En caso de extraviarse, igual que citábamos en los impresos, no se tendría derecho a indemnización.

MUESTRAS Y MEDICAMENTOS

Son todos aquellos envíos que las firmas de cosmética y de farmacología realizan a través de Correos como propaganda de sus nuevos productos.

Los medicamentos, igual que las muestras, deben tener una única intención promocional, careciendo de cualquier finalidad comercial.

Se presentarán dentro de sobres o pequeños paquetes, o cajas que sean fáciles de abrir para inspeccionar su contenido. En ellos sólo aparecerá la dirección y el nombre de la persona a quien va dirigido el envío, y otros datos relacionados con el peso, precio, cantidad, etc.

Está totalmente prohibido enviar cristales, gafas, aparatos ortopédicos, prótesis dentales u otros objetos análogos.

Si se desea, las muestras o medicamentos sin valor, pueden enviarse por correo certificado.

31

PAQUETES PEQUEÑOS

Se admiten sólo envíos de paquetes pequeños al extranjero. Pueden contener regalos, detalles personales o artículos comerciales.

Se prohíbe el envío de objetos que midan más de un metro de longitud, así como los de difícil envío, tales como cristales, porcelanas o artículos punzantes.

Se entregarán debidamente envueltos en papel de embalaje u otro similar que proteja el paquete de posibles golpes. También se aceptarán los que se envíen atados con cordel o cuidadosamente embalados con cinta adhesiva; ésta no deberá tapar la dirección de destino del paquete ni las señas del remitente.

Los paquetes pequeños llevarán una etiqueta verde y, casi siempre, una declaración de aduanas.

Para algunos países, el peso máximo es de 1 kg, siendo para otros tan sólo 50 g. En cualquier caso, siempre deberemos acudir a la oficina de Correos a verificar el peso y aplicar la tarifa correspondiente.

PAQUETES REDUCIDOS

El peso máximo de estos paquetes es de 2 kg, salvo si contienen artículos de papelería, en cuyo caso pueden llegar a pesar 4 kg. Si contienen libros rayados o similares en un solo volumen, su peso puede llegar a 5 kg.

Se presentarán debidamente embalados y sin ningún otro escrito que la dirección del remitente y la de la persona a quien va dirigido el paquete en cuestión. Se aceptarán cordeles o cintas adhesivas siempre y cuando no impidan el transporte ligero o dificulten la lectura de la dirección.

PAQUETES POSTALES

Para este tipo de paquetes se admite un peso máximo de 7 kg.

Estos paquetes no se aceptan en correo ordinario entre dos oficinas de la península, por ejemplo. Si los queremos enviar al extranjero, lo haremos por avión o a través de la RENFE. Por ello, deberemos especificar claramente en el paquete nuestra intención. Naturalmente, la tarifa variará sensiblemente según el sistema elegido.

Se acondicionarán igual que los otros paquetes, facilitando en todo momento su transporte, así como su posterior entrega.

ACUSE DE RECIBO

Muchas veces, el contenido de una carta puede ser de tanta importancia que no baste la seguridad que nos ofrece el certificado, sino que queramos saber a ciencia cierta que el interesado la ha recibido directamente, o quien tenga poderes para hacerlo.

En un caso como éste, al certificar el escrito pediremos el *acuse de recibo*, lo que significará que el destinatario no sólo firmará el libro de certificados, sino también el volante que será devuelto al remitente tras petición en las oficinas de Correos.

El remitente de un certificado puede pedir su acuse de recibo en el momento del depósito o posteriormente, dentro de un plazo determinado.

CORREO URGENTE

La mayor parte de la correspondencia, ya sean certificados, cartas simples o valores declarados, puede enviarse como urgente pagando un franqueo extra, una sobretasa. Las tarjetas postales y los impresos quedan excluidos.

La correspondencia urgente especial se debe indicar con una etiqueta roja pegada al sobre o al paquete y en la que se encuentra escrita la palabra «urgente», o bien escribiéndolo de forma destacada.

El correo urgente se entrega en las estaciones o en los aeropuertos y va directamente a las manos del interesado sin más demora.

33

GIRO POSTAL

Si queremos enviar dinero a través de la Administración de Correos, utilizaremos el giro postal como la forma que nos ofrece más seguridad.

La oficina de Correos nos extenderá un resguardo del envío en el momento de efectuarlo. En este resguardo se anotará la cantidad de dinero, primero en cifras y seguidamente en letras, así como la fecha. Si queremos reclamar por no haber llegado la cantidad a su destino, deberemos presentar siempre este resguardo.

LISTA DE CORREOS (POSTE RESTANTE)

En la oficina central de Correos de todas las poblaciones existe lo que se llama «Lista». Se trata de un sistema muy útil para personas que cambian constantemente de domicilio.

En el sobre o paquete se hará constar el nombre y los apellidos de la persona a la que queremos hacer llegar el envío. Debajo del nombre escribiremos, simplemente, «Lista de Correos», y el nombre de la población de destino.

Si la carta la queremos mandar al extranjero, utilizaremos la fórmula internacional «Poste Restante».

APARTADO DE CORREOS

Podemos solicitar en nuestra oficina de Correos que nos guarden la correspondencia en un apartado a nuestro nombre. Para ello deberemos abonar una cantidad mensual.

REEMBOLSO

Los certificados, paquetes postales, etc., pueden ser enviados de tal manera que la persona que los reciba tenga que abonar la cantidad indicada en el sobre o paquete en un lugar bien visible. Se trata de un método ágil con el cual el remitente tiene la seguridad de cobrar, pues si el destinatario no paga no se le entrega el envío.

Este método es utilizado básicamente por las empresas que se dedican a la venta por correo. También, y cada vez con más frecuencia, se envían contra reembolso informes, certificados de penales y otros documentos.

LAS COMUNICACIONES URGENTES

Si queremos establecer una comunicación escrita de carácter urgente, aparte del servicio que nos brinda el correo urgente, utilizaremos el *telégrafo* o el *télex*.

EL TELÉGRAFO

Mediante el servicio telegráfico estatal podemos enviar telegramas a casi todos los países del mundo. Se trata de uno de los medios más rápidos de comunicación escrita.

En las oficinas de telégrafos encontraremos los impresos necesarios para enviar el telegrama. Se aconseja rellenarlo con la mayor precisión posible, así como respetar el principio de brevedad y concisión al redactar el mensaje. En los telegramas no se usan normalmente signos de puntuación; la palabra *stop* sustituye al punto cuando queremos separar alguna frase para no crear confusión.

La tarifa que deberemos pagar dependerá del número de palabras y del destino del telegrama, por lo que se aconseja utilizar el menor número posible de palabras procurando, eso sí, ser claros. Cuando no se tiene costumbre de redactar telegramas, se aconseja escribir primero el texto íntegro e ir suprimiendo, con calma, las palabras que no sean fundamentales, aquellas que no afecten para nada a la posterior comprensión del mensaje.

Algunas empresas o entidades que utilizan con frecuencia este servicio para sus comunicaciones comerciales se sirven de unos

35

códigos o claves que sustituyen frases enteras, ahorrándose, de esta manera, una considerable cantidad de dinero.

Confirmar mediante una carta el contenido de un telegrama no está nunca de más; los telegramas de contenido financiero o comercial, por ejemplo, se acompañan siempre de ellas.

A continuación ofrecemos un ejemplo de cómo debemos rellenar el telegrama. Recordemos que debemos escribir siempre con letras de imprenta.

DESTINATARIO	(nombre y apellidos de la persona a quien va dirigido el telegrama)
SEÑAS	(dirección de la persona o entidad a quien va dirigido el telegrama)
TELÉFONO	(el de la persona, si lo tuviera)
TÉLEX	(el de la persona, si lo tuviera)
DESTINO	(localidad a la que se dirige el telegrama)
TEXTO	(en esta parte se redacta el texto, con el mínimo de palabras posible)

SEÑAS DEL EXPEDIDOR

NOMBRE	(de quien envía el telegrama)
DOMICILIO	(de quien envía el telegrama)
TELÉFONO	(de quien envía el telegrama)

El resto del impreso debe ser rellenado en la oficina de Telégrafos.

Los telegramas se reparten a domicilio. Si se mandan con carácter de *urgente*, el telegrama recibe una especial atención en la rapidez del reparto.

Si se prefiere, se puede indicar el número de teléfono del destinatario, y el contenido del telegrama le es anticipado por teléfono tan pronto como se recibe.

También podemos encargar nuestro telegrama a través del Servicio Telefónico. Este servicio funciona con horario permanente y lo pueden utilizar tanto los abonados como quienes no lo son. Por este servicio, deberemos pagar las tasas telefónicas oficiales más una pequeña cantidad complementaria.

36

Además de los telegramas ordinarios existen otros tipos: los urgentes, los que llevan la respuesta ya pagada, los telegramas con acuse de recibo, los telegramas múltiples (para varios destinatarios o para un destinatario en diferentes direcciones de una misma ciudad), etc.

TÉLEX

Podríamos definir el télex como aquel teléfono automático en el que, en lugar de la palabra hablada, utilizamos la escritura.

Se trata de un teleimpresor o aparato telegráfico, semejante a una máquina de escribir, que una vez puesto automáticamente en comunicación con otro abonado al servicio puede transmitir los mensajes que se escriban previamente en el teleimpresor.

Además de transmitir el mensaje por escrito, el télex tiene la ventaja de que no es necesaria la presencia de una persona ante el teleimpresor receptor para que el mensaje sea recibido.

Podemos enviar télex dentro de la península y a casi todos los países del extranjero.

FONOTÉLEX

Este servicio permite la utilización del télex a los abonados al teléfono, mediante la intervención de los servicios de telecomunicación estatales que recogen y transmiten los mensajes.

Para poder utilizar este servicio es necesario estar abonado mediante la firma de un contrato con el servicio.

CABLEGRAMA

Se trata de un telegrama transmitido por cable sumergido en el mar o en ríos, etc., en combinación con el telégrafo. Es un sistema poco económico pero muy rápido. En ellos debemos indicar la vía o cable que debe seguir, por ejemplo:

37

«Vía Cable Colombia.»

Si queremos hacer uso de él, deberemos dirigirnos a la oficina de Telégrafos de nuestra localidad.

RADIOGRAMA

Es aquel telegrama transmitido por las vías de radiocomunicación, por medio de las ondas hertzianas, como ejemplo de texto que se radia, podríamos dar el siguiente:

«Suspendido no vendré martes sí domingo 12 horas avión. Besos. Laura.»

Siendo el texto completo:

«He suspendido. No vendré el martes, sino el domingo en el avión de las 12. Besos de Laura.»

TELEFAX

A través de un telefax podemos transmitir a distancia copias de documentos, escritos o gráficos, por medio de señales telefónicas, telegráficas o radiofónicas. El elemento principal de todo el proceso es la lectura óptica del original que debe ser transmitido.
La comodidad y sencillez de este sistema, lo ha convertido en un elemento imprescindible en todas aquellas empresas que necesitan estar en contacto directo con el exterior.

EL CÓDIGO POSTAL

Todo usuario de los servicios postales y telegráficos deberá añadir los cinco dígitos del código postal en los sobres, cubiertas de los paquetes, giros y mensajes telegráficos que deban ser enviados a poblaciones españolas.

Estos dígitos se colocarán inmediatamente a la izquierda y a la misma altura del nombre de la población, localidad o lugar de destino.

El significado de los cinco dígitos que configuran el código postal es el siguiente:

1) Los dos primeros números identifican la provincia según el código geográfico nacional.

2) El tercer número identifica ciudades importantes o itinerarios básicos.

3) Los dígitos cuarto y quinto identifican áreas de reparto o itinerarios de rutas de dispersión o de enlaces rurales.

Veamos la siguiente dirección:

Miguel Herrando
c/ Obispo Sivilla, 34
08022 BARCELONA

Los dígitos 08 nos dicen que se trata de la provincia de Barcelona, el 0 nos indica que se trata de la capital de la provincia y el 22, el área de reparto o distrito postal propiamente dicho.

Este código postal entró en vigor en España el 1 de julio de 1984, haciéndose extensivo y obligatorio a toda la península desde el 1 de junio de 1986.

Código geográfico nacional

01 Álava	18 Granada	35 Las Palmas
02 Albacete	19 Guadalajara	36 Pontevedra
03 Alicante	20 Guipúzcoa	37 Salamanca
04 Almería	21 Huelva	38 Sta. Cruz Tenerife
05 Ávila	22 Huesca	39 Santander
06 Badajoz	23 Jaén	40 Segovia
07 Baleares	24 León	41 Sevilla
08 Barcelona	25 Lérida	42 Soria
09 Burgos	26 Logroño	43 Tarragona
10 Cáceres	27 Lugo	44 Teruel
11 Cádiz	28 Madrid	45 Toledo
12 Castellón	29 Málaga	46 Valencia
13 Ciudad Real	30 Murcia	47 Valladolid
14 Córdoba	31 Navarra	48 Vizcaya
15 La Coruña	32 Orense	49 Zamora
16 Cuenca	33 Oviedo	50 Zaragoza
17 Girona	34 Palencia	

LA CORRESPONDENCIA COMO FORMA DE COMUNICACIÓN ESCRITA

Podríamos definir la correspondencia como el arte de conversar a distancia por medio de la escritura.

Como veíamos en el capítulo anterior, la correspondencia tiene una ventaja notable sobre las comunicaciones habladas: su perdurabilidad. «Las palabras se las lleva el viento», dice el refrán, y tiene mucha razón. Aunque hoy en día hay muchos medios capaces de «conservar» las palabras dichas a través de una grabación, por ejemplo, una comunicación hablada es siempre mucho más fácil de olvidar o perder. No sucede lo mismo con lo escrito, ya que por haber utilizado un soporte y medios adecuados puede ser conservada indefinidamente.

Este aspecto de la conversación escrita tiene su importancia en bastantes casos en los que, por el interés del contenido, conviene conservarla durante un determinado tiempo.

Gracias al Servicio de Correos, la correspondencia es la manera más económica de comunicarse a distancia, tratándose de uno de los medios más rápidos. Cuando es necesaria una rapidez superior a la normal, recurrimos a la correspondencia urgente, al correo aéreo o a las comunicaciones urgentes como el telegrama. A todas ellas nos hemos referido ampliamente en el capítulo anterior.

La correspondencia aplicada a las relaciones familiares o de amistad constituye la llamada *correspondencia particular o privada*.

La correspondencia recibe el nombre de *comercial* cuando se aplica a los negocios, y sería el arte de tratar, de hablar de negocios mediante la escritura.

Precisamente, el objetivo fundamental de este libro es dar normas para conseguir la máxima perfección posible tanto en lo que se refiere a los aspectos formales de la correspondencia, como a su presentación y al contenido de la misma, o sea, a su redacción.

Nos referiremos ahora a las diferentes formas de la correspodencia escrita.

LA CARTA

Se trata de la forma de comunicación escrita más frecuente.

Carta, es cualquier papel escrito, y ordinariamente cerrado, que una persona envía a otra para comunicarse con ella.

En cuanto a su contenido, distinguiremos entre las cartas privadas o de relación social y las comerciales. Su presentación también variará. Por ejemplo, las cartas comerciales irán siempre mecanografiadas y deberán atenerse a unas normas más estrictas.

Como consejos a la hora de escribir y enviar una carta, en general, diremos:

1. Las cartas privadas deberían escribirse siempre a mano. Hoy en día, sin embargo, es cada vez más frecuente mecanografiarlas por la facilidad de lectura que ello representa.

2. No echaremos nunca una carta al correo sin haberla leído al menos una vez, después de haberla terminado. Aunque escribamos primero un borrador y luego la pasemos a limpio, siempre nos podemos haber saltado una palabra, una frase, o haber cometido algún error gramatical o alguna falta de ortografía.

3. Intentaremos evitar los términos equívocos que puedan inducir a error al posterior lector o que no expresen exactamente la idea que queríamos desarrollar o manifestar.

4. Debemos tener en cuenta que la palabra escrita compromete. En un determinado momento, puede incluso usarse como prueba contra quien la escribió. Por este motivo, procuraremos evitar palabras o frases que puedan comprometernos o perjudicarnos en caso de que terceros pudieran acceder a la carta.

5. Se aconseja no escribir largas cartas. Es preferible concretar y evitar repeticiones inútiles para no hacer aburrida la lectura.

6. Siempre irán firmadas de nuestro puño y letra. Podemos incluso añadir algunas frases de despedida, a mano, si la carta ha sido mecanografiada.

PARTES ESENCIALES DE UNA CARTA

1. FECHA. Es importante saber la fecha en que una carta fue escrita, aunque se trate de una carta familiar. Si el papel no tiene membrete impreso, escribiremos primero el nombre de la población desde donde se escribe. Si ya está impreso, sólo añadiremos el día, el mes y el año.

Por ejemplo:

Barcelona, 19 de mayo de 2002
o
19 de mayo de 2002 (si en el membrete ya consta Barcelona).

Podemos abreviarlo de la manera siguiente:

Barcelona, 19/05/02

42 Como tercera variación, podemos escribir la fecha suprimiendo la partícula «de»:

Barcelona, 19 mayo 2002

Escribiremos el nombre de la población seguido siempre de una coma.

La fecha se acostumbra a escribir siempre en la parte superior derecha de la carta.

2. ENCABEZAMIENTO. La fórmula del encabezamiento variará según la relación que exista entre el remitente y el destinatario.

Si escribimos a una persona de una cierta categoría social o intelectual y a la cual conocemos poco, podemos encabezar la carta de esta manera:

Distinguida señora:
Distinguido señor:

Cuando existe una cierta relación, pero no lo suficientemente estrecha como para tutear, y se trate también de alguien socialmente importante, escribiremos:

Distinguida amiga:
Distinguido amigo:

Cuando el grado de intimidad sea mayor, escribiremos:

Querida amiga: o   Querida X:
Querido amigo: o   Querido X:

Las cartas que se escriben entre jefes y subordinados guardarán un aire respetuoso, siempre en relación y proporción con el trato que se acostumbra a mantener en la empresa. Así, si se trata de escribir al director de una firma, diremos:

Sr. Director:
o
Distinguido señor:

43

Cuando la destinataria de la carta sea una mujer, se seguirán las mismas normas anteriormente citadas. Si es joven y soltera se le dará el tratamiento de señorita. Si es casada o ha entrado ya en la madurez, se la tratará de señora. A partir de cierta edad, suena un poco ridículo el tratamiento de señorita, aunque se trate de una mujer soltera.

Cuando las cartas se dirigen a altas personalidades del mundo político, religioso o militar, emplearemos los tratamientos correspondientes.

Las cartas que van dirigidas a personas que ostentan títulos nobiliarios, las encabezaremos así:

Sr. Marqués: Sr. Conde:
Sra. Marquesa: Sra. Condesa:

3. INTRODUCCIÓN. No es obligatorio hacer una introducción antes de abordar de lleno el tema central que nos ha motivado a escribir la carta, aunque sí es conveniente para conseguir un aire más agradable e íntimo.

Puede servirnos de introducción, en muchos casos, preguntar por la salud, por los asuntos que aquella persona tiene entre manos o por su familia, para luego entrar directamente a hablar del tema central.

4. CUERPO O TEMA CENTRAL. Debe quedar claro el motivo que ha dado origen a la carta. Por ello, es importante que el tema central quede destacado del resto de la carta en un párrafo aparte.

5. DESPEDIDA. En este apartado, y sólo en éste, se enviarán saludos o abrazos, se expresarán buenos deseos para el receptor de la carta.

La despedida debe guardar relación con el encabezamiento. No se enviarán, pues, abrazos a quien antes se haya tratado de distinguido señor. Abrazos los enviaremos sólo a familiares y amigos, por ejemplo, reservándonos los besos para los familiares más allegados.

Modelo de algunas fórmulas de despedida:

Con todo mi cariño,
Con todo mi afecto,
Recibe un cordial saludo,
Cariñosos saludos,
Afectuosos saludos,
Un atento saludo,
Un cordial saludo,
Un fuerte abrazo,
Besos y abrazos,
Les saluda muy cordialmente,
Besos,

Estas fórmulas de despedida pueden ir precedidas de otras frases de saludo a la familia, enviándoles recuerdos, respetos, etc.:

Mis respetos a tu padre...
Afectuosos recuerdos a los tuyos...
Te ruego saludes en mi nombre a...
Recuerdos a tu esposa
Abrazos a los niños

6. LA FIRMA. La firma debería ser siempre legible. La mayoría de personas tienden a firmar de una manera complicada, barroca, totalmente ininteligible. Con esto sólo se consigue muchas veces entorpecer la comunicación. En las cartas que enviamos a personas que no nos conocen les puede resultar un enigma adivinar el nombre del remitente.

Se firmará con el nombre de pila cuando escribamos a un familiar o amigo. En las cartas comerciales y profesionales usaremos el nombre y el apellido.

Las mujeres casadas firmarán con su apellido de solteras, pudiendo añadir, si así lo desean el del marido:

Margarita Núñez
Margarita Núñez de Bilbao

Igual ocurre si es viuda:

Margarita Núñez
Margarita Núñez, Vda. de Bilbao

7. LA POSDATA (P.D.). La posdata se añade al final del escrito, después de la firma, generalmente, en el margen izquierdo.

La finalidad es hacer constar algo importante que se había olvidado mencionar en el cuerpo de la carta. También se utiliza cuando se desea aclarar algún punto que pudiera haber quedado oscuro.

8. DIRECCIÓN. La dirección está constituida por el nombre de la persona o entidad a la que se dirige la carta, el domicilio, la población y el distrito postal.

La dirección se escribe en el margen izquierdo. En la primera línea el nombre, debajo la dirección y, por último, la población.

La dirección, sin embargo, sólo figurará en el papel de la carta cuando se trate de correspondencia comercial. En la correspondencia privada no aparecerá más que en el sobre.

8.1. DIRECCIÓN EN LOS SOBRES. Al escribir la dirección del destinatario en los sobres, dejaremos siempre un margen en la parte superior de la mitad de la altura del sobre y de un tercio de su anchura en el margen izquierdo.

El nombre de la persona irá precedido de «Sr. D.», cuando se hace constar el nombre de pila.

«Don» va acompañado siempre del nombre de pila, nunca precede al apellido.

Si la persona a la que vamos a mandar la carta tiene derecho a un tratamiento honorífico, lo escribiremos delante de «Sr. D.»:

Ilmo. Sr. D. Ramón Solís

Igualmente, si ostenta algún título o cargo importante que sea conveniente hacer resaltar, éste figurará debajo del nombre:

Sr. D. Ramón Solís
Director de PARBA, S.A.

Las mismas normas sirven para las mujeres, utilizando Sra. o Srta., según el caso. Debajo del nombre, o del cargo si lo hubiera, se escribe la dirección propiamente dicha: calle, número, piso y puerta, según el caso:

Sr. D. ...
Avda. General Mitre, 102

El número de la calle se separará del número del piso mediante un espacio mayor, con una coma o un guión. El guión servirá también para separar el número del piso y la puerta:

Sr. D. ...
Balmes, 33, 2.º-1.º

Por último, escribiremos la localidad. No debemos olvidarnos del código postal:

Sr. D. Ramón Solís
Balmes, 33, 2.º-1.º
08021 BARCELONA

Si la localidad no es capital de provincia, escribiremos ésta al lado, entre paréntesis:

Sr. D. Ramón Solís
Balmes, 33, 2.º-1.º
14230 Villanueva del Rey (CÓRDOBA)

Destacaremos el nombre de la población escribiéndolo en mayúsculas o subrayándolo. Pueden hacerse ambas cosas a la vez. Si el nombre de la provincia es muy corto, podemos dejar un espacio entre cada letra:

Sra. Montserrat Toldos
C/ Virgen de la Esperanza, 41
27002 L U G O

Si enviamos una carta al extranjero, el nombre del país de destino figurará en la parte superior izquierda del sobre, en castellano. La población puede escribirse en el idioma original, y así facilitamos la posterior distribución en el país.

En la mayor parte de los países extranjeros, el número de la calle se coloca delante del nombre de la misma. Es conveniente que sigamos las normas del lugar de destino de la carta. En Alemania, por ejemplo, la población se escribe antes que la calle. Veamos el ejemplo:

ALEMANIA
H. Peter Wolf
Heidelberg, 69
5, Hauptstrasse

8.2. REMITE. Es recomendable escribir siempre el remite en la cara posterior del sobre. Seguiremos el mismo orden que citábamos al referirnos a la dirección, pero no es necesario que lo escribamos en distintas líneas. El nombre no irá precedido de tratamiento alguno:

Ramón Salinas
Algemesí, 49
46003 VALENCIA

O bien:

Ramón Salinas. Algemesí, 49. 46003 VALENCIA

8.3. LOS SELLOS. Siempre colocaremos los sellos en el ángulo superior derecho del sobre, evitando tapar con ellos el nombre del destinatario o su dirección.

9. LA RESPUESTA. Resulta de mala educación dejar una carta sin contestar o demorar demasiado la respuesta. Toda carta debe ser,

en principio, contestada. De no ser así, podemos llegar a defraudar al remitente.

Una respuesta tardía puede carecer de interés, por haberse modificado las circunstancias que motivaron la primera.

Es probable también que, con el tiempo, se olviden los puntos a los que era necesario dar una respuesta. El remitente puede pensar, incluso, que la carta se ha extraviado y enviarnos otra.

TARJETAS/TARJETONES

Las clásicas tarjetas de visita de pequeñas proporciones han ido desapareciendo paulatinamente.

Resulta poco elegante enviar una tarjeta pequeña en un sobre de proporciones bastante mayores. Ahora se acostumbran a entregar en mano; también acompañando un obsequio o documento.

Es lógico que, por comodidad, se tienda a la unificación de tamaños. El tamaño más frecuente es el que mide: 90 x 140 mm.

El papel más adecuado para las tarjetas y los tarjetones es la cartulina y el papel cuché.

Las tarjetas o tarjetones comerciales llevarán impresos el nombre y la dirección, así como el anagrama si lo hay.

Las tarjetas de los profesionales o de las personas con profesiones liberales llevarán el nombre, el cargo o profesión y el domicilio profesional (calle, teléfono, población, etc.).

Cuando la profesión se ejerce de forma independiente, sin estar ligado a ninguna empresa en concreto, se tendrán dos tipos de tarjetas: las llamadas «de visita», en las que figura únicamente el nombre, y otras que llevan también impresa la dirección y el teléfono.

Los matrimonios suelen tener tarjetas en común, es decir, con el nombre de ambos. En ellas, el nombre de la esposa aparecerá con sus apellidos de soltera, o bien sólo con el primero seguido del del marido, precedido de la partícula de. Veamos el ejemplo:

49

Pedro Allende Pascual
María Catalán Reberter

o bien:

Pedro Allende Pascual
María Catalán de Allende

Existe gran diversidad de modelos de tarjetas. Aquí nos referiremos únicamente a cómo deben ser escritas. Los mismos ejemplos sirven para los tarjetones. El tamaño que utilizamos en los siguientes ejemplos corresponde a la tarjeta apropiada para el tamaño pequeño de sobres normalizados.

Ejemplo 1:

Anverso:

Alberto Pi Palau
Notario

Ruega a D. ... tenga a bien acudir
a mi despacho el día   , para

Balmes, 33   Barcelona

Reverso

> la lectura del testamento que su
> queridísimo padre (E.P.D.) dejó
> en favor de los suyos.
>
> fecha

Ejemplo 2:

Reverso:

> fecha
>
> Sr. D. ...
>
> Le agradecería se sirviera pasar por mi despacho
> el próximo día 21, viernes, a las cuatro de la tar-
> de, para proceder a la lectura del testamento que
> su difunto padre.

Anverso:

```
                  dejó en favor de los suyos.
                  Atentamente,


                          Alberto Pi Palau

                             Notario



 Balmes, 33                                    Barcelona
```

VOLANTES Y MEMORÁNDUMS

La función de los volantes y memorándums es la misma que la de las cartas: no son más que cartas cortas.

Cuando sólo deseamos dejar un recado, escribir una pequeña nota, etc., no es necesario que redactemos una larga carta con todos los formulismos que ésta conlleva.

Actualmente se utilizan poco. Se prefiere enviar una tarjeta con el recado, si se trata de una comunicación externa, o notas internas si circulan en el interior de una empresa, por ejemplo.

Los volantes acostumbran a tener forma rectangular, con una altura más o menos tres veces mayor a su anchura, y los memorándums, forma de cuartilla. Ambos llevan el membrete en la parte superior. Sin embargo, hoy cualquier papel de cualquier medida es válido para dejar un recado, para comunicar una pequeña noticia.

COMUNICACIONES URGENTES

Dentro de la correspondencia como forma de comunicación escrita, no podemos olvidarnos de las comunicaciones urgentes. Ellas nos solucionan, más de una vez, problemas que con una carta, por ejemplo, no podríamos resolver.

La rapidez de las comunicaciones urgentes es, muchas veces, asombrosa. Estamos hablando, naturalmente, de los telegramas, télex, telefax, etc. A ellos nos hemos referido detalladamente en el capítulo anterior.

CALIDAD DE LAS COMUNICACIONES ESCRITAS

Toda comunicación escrita debe cumplir unos requisitos mínimos en cuanto a calidad. No podemos entregar o hacer llegar una carta con faltas de ortografía, por ejemplo.

En esta parte nos referiremos a las condiciones fundamentales de calidad que todo escrito debe cumplir. Y debemos remarcar que en el cumplimiento de estas normas o condiciones que debe reunir todo escrito es más importante aquí que en la comunicación hablada, pues lo escrito, una vez escrito, permanece, no se puede rectificar tan fácilmente como en una conversación, donde se pueden aclarar o modificar las palabras sobre la marcha.

Estas normas de calidad para las comunicaciones escritas son aplicables, en mayor o menor grado, a todas las modalidades de comunicación escrita: fotografías, carteles, anuncios, gráficos, etc. Todas ellas han de estar bien presentadas, además de correctamente escritas y deben expresar claramente las ideas de sus autores, etc.

NORMAS DE CALIDAD

ORDEN ESTRUCTURAL

En una comunicación escrita, sea una carta, una tarjeta postal, etcétera, se pueden explicar muchas cosas. El orden en que las redactemos es fundamental para la posterior lectura.

No podemos redactar el escrito de forma espontánea, reflejando el devenir de las ideas a nuestra mente.

Muchas veces, es preciso escribir primero un borrador que, una vez bien estructurado, debe pasarse a limpio.

Todo escrito debe seguir un orden estructural. A él nos hemos referido detalladamente al hablar de las cartas. Ahora sólo lo mencionamos:

Fecha
Encabezamiento
Introducción
Cuerpo (asunto o tema de la comunicación escrita)
Despedida
Firma

Las partes complementarias son:

Posdata
Notas

Estos elementos complementarios tienen la función de preservar el orden estructural de un escrito. Ciertamente, es posible que al terminar una carta o cualquier otro escrito nos demos cuenta de que nos hemos olvidado alguna cosa, tal vez fundamental. Lo que no haremos es volver a escribir el texto en una hoja nueva. Podemos añadir esas nuevas ideas aparte, al final del documento.

No debemos, sin embargo, abusar de esta posibilidad y redactar unas largas posdatas o notas. Se trata de espacios limitados, donde el redactado debe semejarse al de un telegrama. La brevedad y la concisión son fundamentales. Si nos hemos olvidado de incluir una noticia cuyo relato va a ser muy largo, es mejor escribir una carta nueva.

CLARIDAD

La claridad es condición indispensable.

Efectivamente, al redactar un escrito debemos intentar ser claros, es decir, que nuestras palabras no den lugar a confusiones al leerlas. En general, diremos que un escrito será claro cuando no se preste más que a una sola interpretación, cuando la persona que lo lee no pueda darle un sentido diferente al que quiso darle la persona que lo escribió.

Esta condición la debemos entender en un doble sentido:

1) En la forma material, es decir, en lo que hace referencia a la caligrafía. Si la escritura es manuscrita deberemos aplicarnos en la letra, que debe ser bien clara. Utilizaremos una pluma o un bolígrafo que dejen trazos bien firmes. Si se trata de un texto mecanografiado, utilizaremos una máquina en buenas condiciones, con una cinta que deje las letras marcadas impecablemente, de pulsación uniforme y con los tipos limpios. Si se trata de un texto que obtenemos de una impresora, hemos de vigilar que la impresión sea clara y nítida.

2) En lo que a la semántica se refiere. Debemos procurar dotar a nuestros escritos de sentido, evitando las frases o expresiones vacías. La claridad en el sentido se consigue evitando que lo escrito dé lugar a más de una interpretación. El destinatario debe extraer una única conclusión, y ésta debe coincidir con lo que hemos querido decir. Para ello, es necesario precisar los detalles que puedan generar confusión.

La corrección gramatical ayuda a la claridad, especialmente en lo que respecta a la concordancia y la elección cuidadosa del vocabulario. Utilizar frases excesivamente largas o alterar el orden lógico de las frases, por ejemplo, no hace más que dificultar la claridad.

CORRECCIÓN

La corrección denota cultura, capacidad, inteligencia, en definitiva, una serie de cualidades esenciales e importantes para que una carta o cualquier otro escrito produzca una buena impresión en quien lo lea.

La corrección debemos entenderla también bajo dos puntos de vista:

1) *Gramatical:* Un escrito con errores gramaticales produce una impresión pésima. Si no estamos seguros de cómo se escribe una palabra, debemos consultar el diccionario o preguntar a alguien que nos merezca confianza. Ante la duda, es mejor cambiar esa palabra por otra que conozcamos, o evitar alguna que otra expresión que nos podría llegar a comprometer, gramaticalmente hablando.

2) *Vocabulario:* Nuestro vocabulario debe ser rico, con abundancia de recursos para expresar lo que queremos plasmar en el papel. Bajo ningún concepto utilizaremos groserías o palabras de mal gusto. Una carta incorrecta no puede ser nunca bien acogida. Indudablemente, hemos de decir las cosas, hemos de expresar nuestros sentimientos, pero debemos procurar hacerlo con diplomacia, evitando cualquier término que pueda ser interpretado como una ofensa.

ADECUACIÓN

El léxico que utilizamos en nuestros escritos debe adecuarse a la ocasión, al tema de los mismos. El estilo y el vocabulario deben estar de acuerdo con el tema al que se refiere el escrito y con la preparación de la persona o personas que han de leerlo posteriormente.

Si se trata de una carta privada, íntima, no emplearemos palabras difíciles, complicadas, sino aquellas que mejor expresen nuestros sentimientos, tal vez aquellas que decimos al hablar coloquialmente con ellos, familiares o amigos.

En una carta comercial el léxico debe ser, igualmente, adecuado al tema.

CONCISIÓN

No debemos extendernos innecesariamente en nuestros escritos. Prescindiremos, siempre que podamos, de palabras y frases innecesarias.

Los escritos deben redactarse siempre con la mayor brevedad posible. Los escritos largos suponen una pérdida de tiempo tanto para quien escribe como para quien debe leerlos. La concisión, además, contribuye a la claridad.

Es evidente que la extensión de los escritos es algo relativo, pero al decir que se debe intentar ser breve y conciso queremos señalar que no deben ser más largos de lo absolutamente necesario para exponer con la debida claridad el asunto o tema que los ocupe. Del número de temas, naturaleza y complejidad dependerá su extensión.

Si queremos tratar varios temas, estableceremos entre ellos una separación razonable que no alargue el texto sino que ayude a clarificar las ideas.

Conciso no es sinónimo de telegráfico, y mucho menos de incompleto. Para ser conciso, como ya hemos dicho, sólo deberemos suprimir todas aquellas palabras que resulten innecesarias, las aclaraciones o explicaciones inútiles o las repeticiones de conceptos.

Como fenómeno curioso y a la vez paradójico, diremos que se ha observado que las cartas de propaganda y ventas por correo, especialmente cuando van dirigidas a mujeres, acostumbran a ser más largas de lo habitual.

PRECISIÓN

Eludiremos temas o detalles que distraigan del contenido esencial, finalidad de la carta, a no ser que contribuyan a aclarar o recordar algo necesario.

SENCILLEZ

Evitaremos toda palabra rebuscada, todos aquellos conceptos ampulosos que resultan, muchas veces, ridículos y que sólo sirven para confundir al lector.

Utilizaremos siempre las palabras o expresiones de uso normal, cotidiano, de fácil comprensión para las personas que hayan de leer lo escrito.

Intentaremos, sin embargo, no caer en la vulgaridad.

59

CONSIDERACIÓN

Nuestras cartas deben ser pensadas y bien meditadas. No escribiremos jamás sin un pleno convencimiento y conocimiento de lo que queremos expresar.

COHERENCIA

En nuestras cartas, escritos, etc., no podemos omitir detalles o ideas importantes.

Si nuestros mensajes no son completos, podemos crear en el lector lamentables confusiones o provocar omisiones importantes en el cumplimiento del encargo o en la completa comprensión del escrito.

CORTESÍA Y DIPLOMACIA

La educación y las buenas formas deberán estar siempre presentes en nuestros escritos, como norma esencial de nuestra correspondencia.

Una carta descortés produce una impresión sumamente negativa en quien la recibe. Si tenemos motivos para escribir un texto negando, reclamando o señalando algún error, debemos intentar hacerlo sin herir los sentimientos del lector.

Si la cortesía y diplomacia faltan en nuestros escritos, provocaremos, en muchas ocasiones, efectos contrarios en nuestros lectores, que no acogerán nuestras cartas con la atención que se merecen.

PRESENTACIÓN

La apariencia de un escrito refleja nuestra forma de ser, es como nuestra tarjeta de visita, que nos puede abrir o cerrar puertas.

Así como las personas deben presentarse correctamente vestidas y aseadas para agradar, los escritos deben gozar de una presentación atractiva y pulcra tanto por lo que respecta al papel utilizado, como por el membrete y el escrito en sí, que debe estar bien distribuido, con sus apartados y párrafos bien señalados, así como con los márgenes adecuados, etc.

Evitaremos corregir los posibles errores borrando sin dejar señales. Entregaremos siempre nuestros escritos impecables.

NOCIONES ELEMENTALES DE GRAMÁTICA

Para crear un texto aceptable en cuanto al contenido y la forma, es decir, que no sólo sea reflejo de un pensamiento bien organizado sino que al mismo tiempo posea una cierta dosis de calidad, se requiere el dominio de unas técnicas concretas. La gramática es la fundamental, pues sin su conocimiento no podemos abordar la creación de un texto coherente.

Todos estudiamos en la escuela la gramática de nuestro idioma, y todos la consideramos una materia sabida sobre la que no es preciso insistir. Sin embargo, es frecuente que de tanto en tanto incurramos en algunos errores gramaticales sin explicación aparente, cuando la razón es muy sencilla: la falta de práctica en la escritura. La distancia que existe en el hablante en general entre la competencia y la actuación lingüística es enorme. La destreza en el uso de la lengua se alcanza produciendo frases y plasmándolas por escrito. La reflexión gramatical es inherente al acto de escribir. Aprendemos gramática escribiendo.

Aconsejamos a toda aquella persona que escriba cartas habitualmente, que tenga siempre a mano un buen manual de gramática para consultar en momentos de duda. No obstante, hemos considerado útil ofrecer aquí un brevísimo resumen de las normas ortográficas de más interés para la correspondencia y que en muchos casos son motivos de errores. En cada apartado no encontrará toda la casuística, sino la que juzgamos más útil recordar.

PALABRAS QUE SE ESCRIBEN CON MAYÚSCULA INICIAL

— Los nombres propios y los de colectivos referidos a instituciones.

61

— Los tratamientos, cuando están en abreviatura.
— Los nombres de calles, paseos, avenidas y barrios.
— Los nombres de departamentos y cargos de una empresa.
— La primera letra de cada línea en una dirección.
— La primera palabra después de los dos puntos del saludo en la carta.
— Los títulos y nombres de dignidad.
— La numeración romana.
— Los títulos de obras, revistas, documentos, informes, etc.

PALABRAS QUE SE ESCRIBEN CON MINÚSCULAS

— La mayoría de las abreviaturas cuando no son tratamientos.
— Los tratamientos cuando se escriben con todas sus letras.
— Los nombres de los días de la semana y de los meses del año.
— Las palabras que no son nombres propios ni están sometidas a reglas especiales, como las reseñadas más arriba.

SIGNOS DE PUNTUACIÓN MÁS USUALES

— La coma va a continuación de la despedida cuando ésta consta de una sola palabra.
— Ni coma ni punto deben ir después de la fecha.
— El punto no debe ir detrás de una abreviatura de unidad del sistema métrico decimal.
— Los dos puntos son preceptivos después del saludo.
— La coma no ha de preceder a la conjunción «y» cuando se utiliza la coma para separar los elementos de una relación.
— Los signos de interrogación se colocan siempre delante y detrás de la palabra o frase que deseamos destacar.
— Las comillas se utilizan para destacar una palabra extranjera dentro de un texto, si bien también puede marcarse en cursiva o subrayada.

ABREVIATURAS MÁS USADAS EN CORRESPONDENCIA

a/c. a cuenta
admón. administración
apdo. apartado
art. artículo
avda. avenida
cénts. céntimos
D. don
Da. doña
dcha. derecha
dpto. departamento
Dr. doctor
dupdo. duplicado
efvo. efectivo
entlo. entresuelo
etc. etcétera
gral. general
izqda. izquierda

p. página
P.D. posdata
p. ej. por ejemplo
P.º paseo
pral. principal
prof. profesor
prov. provincia
ptas. pesetas
Rte. remite
s.a. sin año
S.A. sociedad anónima
suc. sucursal
t. tomo
v. véase
v. gr. verbigracia
V.B. visto bueno
vol. volumen

UN DETALLE IMPORTANTE: LOS TRATAMIENTOS

De poco nos serviría redactar una carta de estilo impecable, siguiendo las pautas que acabamos de apuntar, si luego no fuéramos capaces de aplicar a nuestro destinatario el tratamiento que le corresponde.

Más allá del «señor» y «señora» existen otros tratamientos otorgados a ciertas personas en función de sus cargos o dignidades. Posiblemente, en pocas ocasiones de nuestra vida tengamos la oportunidad de dirigirnos a ellos.

No obstante, hemos creído oportuno presentar los tratamientos especiales más usuales aunque sólo sea para que cuando los veamos escritos en un documento o en la prensa seamos capaces de distinguir a quién corresponden.

A fin de evitar la repetición de la frase «tratamiento dado a...» después de cada fórmula, nos limitaremos a indicar escuetamente el tratamiento y las personas para las que se emplea.

Alteza	príncipes, princesas, infantes, infantas
Alteza Real	reina y príncipe heredero
Excelencia	jefe del Estado
Excelentísimo Señor	presidente y ministros del gobierno, embajadores, miembros de los Tribunales, generales, presidentes y fiscales de las Audiencias Territoriales, rectores y vicerrectores de Universidad, gobernadores civiles, alcaldes, presidentes de las diputaciones provinciales de Madrid y Barcelona, miembros de la nobleza que sean Grandes de España (Se abrevia Excmo. Sr.)
Honorable	miembros del cuerpo consular
Ilustrísimo Señor	miembros de la nobleza que no sean Grandes de España
Magnífico	rectores de universidades estatales
Majestad	rey
Señoría	alcaldes de municipios no capitales de provincia, jueces, jefes del Ejército (Se abrevia V.S.)
Señoría Ilustrísima	subsecretarios y directores generales de la Administración, presidentes de diputaciones, magistrados, decanos y vicedecanos de facultades universitarias. (Se abrevia Ilmo. Sr. y V.I.)

LA CORRESPONDENCIA PRIVADA

La correspondencia particular o privada, como su nombre bien indica, es la que circula entre familiares, amigos o conocidos, o entre particulares y empresas e instituciones, y acostumbra a versar sobre asuntos privados.

En la correspondencia privada existe una libertad de expresión mucho mayor que en otros tipos de comunicación, como la comercial, por ejemplo.

Hasta hace relativamente poco tiempo, las cartas o comunicados privados se escribían siempre a mano. Sin embargo, el uso de la máquina de escribir o del ordenador se ha hecho cada vez más popular. Cada día es mayor el número de personas que escriben sus cartas privadas con estos medios, si bien es cierto que otras los encuentran sumamente fríos y prefieren continuar escribiendo a mano su correspondencia. Para ello, es necesario, como ya comentábamos en el capítulo anterior, tener una letra fácilmente legible.

Las diferentes partes de que consta una carta se han explicado detenidamente en el capítulo referente a la correspondencia como forma de comunicación escrita. Aquí sólo apuntaremos unas breves observaciones al respecto, concretadas en la correspondencia privada:

Las cartas particulares se inician con la fecha, situada en la esquina superior izquierda. A continuación, figuran el nombre del destinatario y la población donde reside. En las cartas familiares o muy íntimas suele suprimirse el nombre del destinatario y el de la población donde reside.

El saludo, que viene a continuación, admite muchísimas variaciones. Puede tratarse desde un «Distinguido señor» hasta «Mi querido Angelito», pasando por toda una escala, según el grado de amistad o de familiaridad que exista entre quien escribe y el destinatario.

El cuerpo de la carta suele dividirse en párrafos y se suele utilizar mucho el punto y aparte. Ambas medidas facilitan la lectura y la comprensión.

Las cartas privadas, familiares y de amistad suelen tener un contenido muy variado, pues generalmente en ellas se recoge una ligera historia de los hechos más importantes que le han sucedido a quien escribe y a su familia desde que escribió la última carta. En la despedida, al igual que hemos dicho para el saludo, debe utilizarse una fórmula adecuada al grado de amistad, parentesco, familiaridad o a la clase de relaciones que exista con el destinatario.

El papel usado normalmente en las cartas de este tipo es de tamaño cuartilla o media carta, escribiendo, generalmente, en sentido apaisado. El papel puede llevar impreso en la parte superior izquierda, en letras más bien pequeñas, el nombre, apellidos y la dirección de la persona que escribe, pudiendo figurar debajo del nombre, si así se desea, y el título o cargo que ostente el interesado.

El papel debe ser de buena calidad, pudiendo escribirse en el reverso del mismo.

No es demasiado frecuente el uso de papel con membrete, pero, en cambio, suele utilizarse cada vez más papel de diferentes colores, de formas y tamaños variables, empleando sobres del mismo color que el papel.

Las cartas particulares o privadas suelen dividirse en cartas de invitación, felicitación, saludos, participación, pésame, presentación, agradecimiento, peticiones, relaciones, etc.

INVITACIONES

Distinguiremos entre las invitaciones formales y las informales. Las formales se escriben en tarjetones especialmente impresos para la ocasión, o en «saludas».

Las invitaciones informales pueden formularse en una tarjeta o carta. Utilizaremos una invitación informal cuando los invitados residan en poblaciones distintas, o cuando podamos aprovechar la carta de invitación para comunicar alguna otra noticia o hacer algún otro comentario. A menudo, las invitaciones informales se hacen por teléfono.

Los tarjetones de invitación irán acompañados, muchas veces, de unas líneas manuscritas cuando la amistad existente entre ambas partes sea notable o cuando se tenga un interés muy especial en que la persona a la que invitamos asista al acto.

Escribiremos siempre a mano el nombre de las personas invitadas. Cuando se trate de saludas, los escribiremos a máquina, pero los deberemos rubricar. Utilizaremos los saludas especialmente en medios oficiales, comerciales o profesionales.

INVITACIÓN FORMAL PARA UNA CENA O ALMUERZO

Pedro Ribas Pujol y Margarita Gómez de Ribas

Agradecerán a los Sres. ...
tengan la amabilidad de acompañarles en la cena que, con motivo de ... (el motivo debe estar ya impreso) ofrecen a sus amistades en su casa de ..., a las ... horas del día ... del presente mes de ...

Se ruega etiqueta.

(Recordemos que el texto irá todo impreso, menos el nombre de las personas a quien queremos invitar.)

67

Respuesta afirmativa

... (Nombre de los invitados)

Agradecen mucho su invitación y le confirman gustosos su asistencia a la cena, el próximo día ...

Respuesta negativa

... (Nombre de los invitados)

Agradecen muchísimo su invitación, pero lamentan no poder asistir al almuerzo que ofrecen el día ... por tener otro compromiso anterior ineludible.
Rogamos nos disculpen.

INVITACIÓN FORMAL A UN CÓCTEL

Luis Pérez Martín y María González de Pérez

Agradecerán a los Sres. ...
su asistencia al cóctel que el próximo día ..., a las ... horas ofrecerán en ...

Se ruega contestación.

INVITACIÓN A UNA EXPOSICIÓN

M.ª Antonia Clarín de Piquer

Agradecerá mucho la asistencia de ...
a la inauguración de la exposición de sus pinturas sobre ..., el día ..., a las ... horas, instalada en ..., calle ...

Se servirá un cóctel.

Respuesta afirmativa

... (Nombre de los invitados)

Agradecemos mucho su invitación a la inauguración de su exposición que tendrá lugar el día ... del presente mes de ..., en ... Como usted ya sabe, nos contamos como unos de los muchos admiradores de su obra.
Tendremos mucho gusto en asistir.

Respuesta negativa

... (Nombre de los invitados)

Agradecemos mucho su invitación, pero rogamos disculpe nuestra asistencia por tener un compromiso anterior. Con mucho gusto visitaremos otro día la exposición y tendremos el placer de comentarla con usted.

INVITACIÓN INFORMAL PARA UNA CENA

Querida Carmen:

Desde que hemos vuelto de vacaciones, todavía no nos hemos visto. ¿Qué tal si vinierais tú y Carlos a cenar el próximo sábado, día ...? No faltéis. Promete ser una velada agradable. Os esperamos a las 9.30 h.
Saludos a la familia.

(firma)

En este tipo de comunicación, es adecuado el uso de los tarjetones.

Respuesta afirmativa

Mi querida Luisa:

Esta mañana he recibido tu invitación. Iremos encantados. Tienes toda la razón, hace casi dos meses que no nos vemos y,

69

realmente, tanto Carlos como yo tenemos muchas ganas de repetir aquellas agradables veladas.

No faltaremos a la cita.

Hasta el sábado. Saludos a tu familia.

(firma)

Respuesta negativa

Mi querida Luisa:

Me alegró muchísimo recibir noticias vuestras y saber que todos estáis bien. Lamentándolo mucho, no podremos venir a cenar a vuestra casa el próximo sábado, pues coincide con nuestro décimo aniversario de boda, que celebraremos con un viaje a París. A la vuelta ya os llamaremos.

Gracias de nuevo por vuestra invitación.
Recibid un fuerte abrazo.

(firma)

INVITACIONES POR CARTA

Se invita por carta a los parientes y amigos de otras ciudades o poblaciones, cuando el acto a celebrar no es de protocolo.

INVITACIÓN A UNOS AMIGOS PARA QUE PASEN UNOS DÍAS CON NOSOTROS

(lugar y fecha)

Queridos ... y ...:

Hace tiempo que no tenemos noticias vuestras. Suponemos que todo va bien y que gozáis de salud. Ya sabemos que estáis ocupadísimos con el nuevo bebé que llegó a vuestro hogar el pa-

70

sado mes de mayo. A nosotros tampoco nos sobra demasiado tiempo para disfrutar del ocio. Pero todo va siguiendo su curso. Los niños, cada vez más mayores, y nosotros... pues siempre pensando en su futuro.

El verano pasado alquilamos una casa en la costa y nos lo pasamos de fábula. Los niños se pasaban el día en la playa, comíamos y cenábamos al aire libre ..., en fin una vida muy diferente a la que llevamos en la ciudad con tantos nervios, prisas, etcétera.

Este año pensamos hacer lo mismo y se nos ha ocurrido que podríais venir a pasar una semana con nosotros. Ya sabéis que para nosotros no es ninguna molestia. Donde caben tres diablillos de niños caben dos más ...

Estaríamos encantados con vuestra visita.

Contestadnos rápidamente o llamad por teléfono.

Un abrazo,

(firma)

Respuesta afirmativa

(lugar y fecha)

Queridos ... y ...:

No os podéis imaginar la ilusión que nos hizo recibir vuestra carta. La verdad es que hace tiempo que os queríamos escribir o telefonear, pero siempre surge algún contratiempo. Ya se sabe, con los niños todavía pequeños no se puede hacer ningún plan.

Os agradecemos muchísimo vuestra invitación y aceptamos gustosos vuestra hospitalidad.

Si os parece bien, iríamos el día ... de ... y llegaríamos a vuestra casa el fin de semana.

Hasta entonces, recibid un fuerte abrazo,

(firma) **71**

Respuesta negativa

(lugar y fecha)

Queridos ... y ...:

No sabéis la ilusión que nos hizo recibir noticias vuestras. Verdaderamente, hace ya demasiado tiempo que no nos vemos, pero con los hijos todavía pequeños no se pueden hacer nunca planes. Nos alegra saber que estáis bien y que todo sigue adelante.

Lamentamos muchísimo no poder ir a pasar unos días con vosotros en la casa que habéis alquilado para este verano. Miguel acaba de cambiar de trabajo y este año no podremos disfrutar de las vacaciones en verano. Seguramente las haremos por Navidad, aprovechando entonces para visitar a su familia en Bilbao.

Igualmente, y aunque no podamos venir a visitaros, queda pendiente una cena en nuestra casa cuando volváis.

Agradeciendo una vez más vuestra invitación, nos despedimos con un fuerte abrazo.

(firma)

INVITACIÓN A UN AMIGO/A QUE PASA UNOS DÍAS EN NUESTRA CIUDAD/PUEBLO, A QUE VENGA A COMER

(lugar y fecha)

Mi querida ...:

Por Ester me he enterado de que vas a venir a ... en viaje de negocios.

La verdad es que esta noticia me ha llenado de alegría.

¡Hace tantos años que no nos vemos! Desde que me trasladé a esta ciudad, son pocas las ocasiones que tengo para ver o estar con viejos amigos.

72

Me gustaría que me llamaras en cuanto llegues. Aquí tienes mi número de teléfono: ... dime el día que te va mejor para venir a comer a mi casa.

Espero con impaciencia tu llamada.
Hasta entonces, recibe un fuerte abrazo,

(firma)

Respuesta afirmativa

(lugar y fecha)

Querida Dolores:

No sabes la ilusión que me ha hecho recibir tu carta.
No tenía idea de que vivieras en ... Después de tu boda perdimos totalmente el contacto.
Voy a estar sólo una semana en ..., y el motivo de mi viaje es la apertura de una sucursal de la firma para la que trabajo, en tu ciudad.
No sé el día que podré visitarte. Como siempre, tendré las horas contadas, pero prometo hacerlo.
Te llamaré sólo llegar. Yo también tengo muchas ganas de verte.

Recibe un fuerte abrazo,

(firma)

Respuesta negativa

(lugar y fecha)

Querida Dolores:

Hace unos días recibí tu amable carta en la que, enterada de mi próximo viaje a tu ciudad, me invitas a pasar unas horas en tu compañía.

Ciertamente, a mí también me agradaría mucho poder visitarte y conversar, aunque fuera poco rato, contigo.

La verdad es que ¡hace tanto tiempo que no nos vemos!

Pero esta vez, desgraciadamente, va a ser imposible. Tengo todas mis comidas y cenas concertadas con posibles clientes.

Finalmente, sólo voy a estar tres días en tu ciudad.

A pesar de todo, espero poder llamarte desde el hotel para saludarte. Otra vez será. Prometo reservarme una tarde para ti en la próxima ocasión.

Recibe un fuerte abrazo de,

(firma)

INVITACIÓN A UNA FIESTA DE UN PUEBLO

(lugar y fecha)

Queridos ...:

Desde el verano pasado, no sabemos nada de vosotros.

¿Aprobaron vuestros hijos todas las asignaturas que les quedaron pendientes? Esperamos que sí.

Y vosotros, ¿cómo estáis? Suponemos que bien.

Dentro de dos semanas empiezan las fiestas del pueblo. No es que sean nada del otro mundo, pero se pasa bien.

¿Por qué no os animáis a venir?

No os preocupéis por las camas. Ya sabéis que tenemos de sobras.

Sería estupendo que os animaseis a venir. Esperamos ansiosos vuestra respuesta afirmativa.

Sin más, nos despedimos de vosotros con un fuerte abrazo y os enviamos recuerdos para los vuestros,

(firma)

Respuesta afirmativa

(lugar y fecha)

Queridos ...:

Nos alegró mucho recibir noticias vuestras. Verdaderamente, el tiempo pasa muy deprisa, y desde el verano pasado no sabíamos nada de vosotros.

Los niños aprobaron todo. Por suerte, los dos pasaron curso. Este año la cuestión se presenta diferente, parece que se lo han tomado más en serio y no quieren volver a pasar un verano como el del año pasado.

Nos parece muy bien la idea de venir a pasar unos días con vosotros aprovechando la semana de las fiestas que se celebran en vuestro pueblo. De todos modos, no quisiéramos que fuera una molestia.

Podríamos alquilar un par de habitaciones en algún hostal de las afueras.

Antes de llegar ya os llamaremos para concretar detalles.

Estamos impacientes por veros y pasar esos días juntos.

Hasta la vista. Un abrazo.

(firma)

Respuesta negativa

(lugar y fecha)

Queridos ...:

Recibimos vuestra amable invitación. Nos gustaría mucho estar con vosotros durante las fiestas de vuestro pueblo, pero este año no podrá ser. Los padres de Luis nos han invitado a pasar las vacaciones de verano con ellos. No nos hemos podido negar. Ya sabes cómo son, siempre se quejan, a veces con razón, de que no vamos nunca a verlos.

75

Otro año será.

Muchas gracias por pensar en nosotros. Espero veros en la ciudad tras las vacaciones. Que os divirtáis.

Hasta pronto, recibid un abrazo,

(firma)

INVITACIÓN PARA REUNIR A UN GRUPO DE ANTIGUOS COMPAÑEROS DE ESTUDIOS

(lugar y fecha)

Querido/a ...:

Hace ya diez años que terminamos nuestros estudios en la Universidad. Después de estarnos viendo casi a diario en la Facultad, hemos pasado a no saber nada unos de otros en todo este tiempo.

Sería muy agradable que nos volviéramos a reunir todos.

Hablando el otro día con ... se nos ocurrió la idea, y contactando con la secretaría de la Universidad hemos conseguido todas las direcciones de los que terminamos los estudios aquel junio de ...

En un principio, si no ocurre nada, el encuentro tendría lugar el día ... del mes de ..., en el restaurante ... de ..., a las ... horas.

Esperamos que la idea te parezca acertada y hagas cuanto esté en tu mano para no faltar a la cita.

Te agradeceremos confirmes tu asistencia llamándonos a cualquier número de los dos que aparecen al pie de esta carta.

Recibe un fuerte abrazo,

(firma)

P.D.: Teléfonos de contacto: ......
......

76

Respuesta afirmativa

(lugar y fecha)

Querido/a ...:

Recibí vuestra carta hace dos días, y hasta hoy no he podido contestaros.

Encontrarnos todos otra vez me parece una idea maravillosa. La verdad es que encontraba a faltar una cita de este tipo.

Por mi parte, pienso hacer lo posible por contactar con las personas de mi grupo. Creo que todos debemos hacer un esfuerzo por asistir.

Contad conmigo. No faltaré a la cita.

Gracias por avisarme. Hasta el día ...

(firma)

Respuesta negativa

(lugar y fecha)

Querido/a ...:

Habéis tenido una brillante idea, creo que maravillosa, al querer volvernos a reunir a todos en una cena. Echaba de menos una reunión de este tipo.

Lamentándolo mucho, no podré estar con vosotros, pues el día de la cena me encontraré en viaje de negocios en ...

Supongo que a estas alturas ya no es posible cambiar la fecha de la cena. Lo lamento mucho, de veras, pues me haría gran ilusión encontrarme de nuevo con todos vosotros.

Saludad de mi parte a todos y excusad mi ausencia.

Recibid un fuerte abrazo,

(firma) **77**

INVITACIÓN A UN SUPERIOR

(lugar y fecha)

Distinguido señor...:

Nos complacería muchísimo que aceptara venir a cenar a nuestro humilde hogar el próximo día...
Tanto mi mujer como yo mismo estaríamos muy honrados en recibirle, acompañado de su esposa.

Si aceptan nuestra invitación, les esperamos puntualmente a las 22 h.

Reciban nuestro más cordial saludo.

(firma)

Respuesta afirmativa

(lugar y fecha)

Apreciado señor ...:

Agradecemos la gentileza que han tenido en invitarnos a cenar en su casa.
Aceptamos gustosos su invitación.
Les acompañaremos el próximo sábado puntualmente a las diez de la noche.

Reciban un cordial saludo.

(firma)

Respuesta negativa

(lugar y fecha)

Apreciado señor …:

Agradecemos muchísimo la gentileza que han tenido en invitarnos a cenar en su casa.

Lamentablemente, nos será del todo imposible cenar con ustedes el próximo sábado día…, ya que desde hace varios días teníamos proyectada una salida de la ciudad justamente para ese fin de semana.

Esperamos poder aceptar en otra ocasión.

Rogamos nos disculpen a mí y a mi esposa.

Cordialmente, les saludan,

(firma)

FELICITACIONES

Escribir cartas o tarjetas de felicitación es signo de buena educación, de buenas costumbres y de consideración hacia los demás, alegrándonos de sus éxitos.

Es uno de los temas de la correspondencia escrita más agradable, ya que está motivado por acontecimientos felices o por los deseos de que así lo sea.

Siempre hay un motivo u otro para felicitar a las personas, por lo que resulta imposible dar ejemplos de cada una de las situaciones.

Si la felicitación es sincera, resulta fácil escribir una tarjeta o una carta: basta con dejarse llevar por los sentimientos, con la seguridad de que será siempre recibida y leída por el destinatario con agrado.

Las felicitaciones acostumbran a ser cortas, si no se dirigen a personas muy íntimas o a las que se ve muy esporádicamente.

El uso del tarjetón es muy cómodo para las felicitaciones, ya que permite escribir algo más que en una tarjeta y no obliga a inventar frases inútiles para llenar una carta.

También es muy apropiado mandar un telegrama para felicitar ante un acontecimiento inesperado o para asegurarnos de que nuestro mensaje sea recibido en el momento preciso.

Un apartado importante dentro de las felicitaciones es el de las que se envían en Navidad y Año Nuevo; otro, comprende las que se envían con motivo de los aniversarios y onomásticas. En ambos casos, se suelen enviar a muchas personas a las que nos unen relaciones muy diversas. Ello ha provocado el recurso a frases estereotipadas de las que es muy difícil prescindir, pero que en realidad expresan correctamente lo que se pretende decir.

FELICITACIONES PARA ONOMÁSTICAS Y ANIVERSARIOS

Al jefe

Distinguido señor:

Reciba mi más sincera felicitación, junto con la de mi esposa, en el día de su onomástica.

(firma)

Al profesor

Distinguido señor ...:

No quisiera dejar pasar esta fecha de su onomástica sin felicitarle, expresándole al mismo tiempo mi admiración y reconocimiento por la labor que desarrolla y nos participa desde su cátedra.

Reciba mi más cordial y atento saludo.

(firma)

A una antigua amiga de la familia

Querida señora ... (o el nombre, según el trato que se acostumbraba a usar)

Dentro de unos días será su santo, y no queremos que transcurra sin que reciba nuestra más sincera y afectuosa felicitación.
No son pocos los años que hemos pasado juntos esta tan alegre celebración. Ahora, aunque lejos unos de otros, no dejamos de recordarla.
Deseamos vivamente que el cambio de clima le siente bien a su salud, siempre un poco delicada.

Muchas felicidades, esperamos verla pronto.
Reciba un afectuoso saludo de toda la familia.

(firma)

A la madre

Queridísima mamá:

El martes de la semana que viene es tu santo, y yo no podré estar a tu lado. ¡Cuánto lo siento! Creo que ésta es la primera vez que vamos a pasarlo separadas, y tú bien sabes que mi deseo sería poder felicitarte con un abrazo muy entrañable.
El mes que viene tengo una semana libre y espero poder ir a veros. Hasta entonces, recibe tú, mi queridísima mamá, un grandísimo beso.
Abraza a papá y al resto de la familia de mi parte. Os añoro a todos mucho.
Besos.

(firma) **81**

Al padre

Queridísimo padre:

Hace ya varios días que pensaba escribirte, pero las múltiples ocupaciones que tengo en esta ciudad me privan de cualquier actividad extra.

Aprovecho este pequeño rato que me queda antes de volver a la oficina para desearte, de todo corazón, que pases el día de tu aniversario del modo más feliz posible.

Espero estar pronto entre vosotros y poder celebrar todas estas ocasiones con vosotros, como en los viejos tiempos, cuando éramos todos unos chiquillos y nos sentábamos alrededor de aquellos monumentales pasteles que preparaba mamá.

Muchos besos a todos, y especialmente para ti, papá.

Recibid un fuerte abrazo de vuestro hijo,

(firma)

A un hermano

Queridísimo …:

¡Muchísimas felicidades en el día de tu treinta cumpleaños!

Tal vez pensabas que nunca llegarían, pero ya ves, ahí están: treinta años. Quién lo diría. ¡Ya eres todo un hombre!

¿Cómo te va todo? Hace tiempo que no recibimos noticias tuyas. Suponemos que las cosas te van bien y que poco a poco vas consolidando tu puesto en la empresa.

¿Y los niños?

Escríbenos pronto. Te recordamos mucho, y más en estas ocasiones. Feliz cumpleaños.

Un fuerte abrazo.

(firma)

Al abuelo

Queridísimo abuelo:

Muchas felicidades en el día de tu santo.

Aunque este año no lo podremos celebrar todos juntos, te mando mi más sinceras felicitaciones, esperando que goces de salud y de la compañía de la abuela.

Pido a Dios que te conserve esa magnífica salud y te procure una larga y feliz vejez junto a los tuyos.

Tu nieta, que te quiere,

(firma)

A una tía

Queridísima tía …:

Aunque lejos de casa, no se me olvidan las fechas. Desde esta bella ciudad de … te mando un cariñoso saludo en el día de tu santo.

Te deseo lo mejor en ese día tan especial.

Tal vez el año próximo pueda felicitarte personalmente.

Mientras tanto, recibe un abrazo de tu sobrino que te quiere,

(firma)

A un amigo

Querido …:

Muchísimas felicidades en el día de tu santo.

Quería felicitarte por teléfono, pero la verdad es que con tantas ocupaciones, uno ya no sabe en qué día vive.

Me gustaría que nos viéramos algún día para charlar un buen rato.

Por tu familia sé que las cosas te van más o menos bien, ya se sabe, todos tenemos nuestras dificultades al empezar. Yo, no me

83

puedo quejar, en la empresa de mi padre siempre he tenido un buen puesto.

No me quiero alargar. Espero que pases un buen día junto a tus seres más queridos, y espero que nos veamos algún día.

Recibe un abrazo de tu amigo,

(firma)

Al novio

Mi querido ...:

¡Millones de besos y abrazos en el día de tu santo, mi amor! Siento mucho no poder estar contigo en ese día tan especial para los dos.

En estas ocasiones te echo de menos. No sabes cuánto te añoro.

¡Ojalá pudiéramos celebrarlo juntos! Estos meses sin ti se me hacen interminables.

Sólo me consuela el pensar que dentro de unos meses volveremos a estar juntos y recordaremos esta separación como algo anecdótico.

Mientras tanto, recibe todo mi amor.

(firma)

FELICITACIONES POR UN NACIMIENTO

Por el nacimiento del primer hijo

Queridos ... y ...:

Nuestra más sincera enhorabuena por el nacimiento de vuestro primer hijo.

Imaginamos lo felices que debéis sentiros ante la maravillosa experiencia de ser padres por primera vez.

84

Tener un bebé es algo tan natural, pero tan extraordinario a la vez, que hace brotar aquellos sentimientos más escondidos en el corazón de todo ser humano.

No sé si podremos venir a conocer al pequeño antes del verano. Ya os llamaremos antes.

Felicidades de nuevo. Esperamos que ... se restablezca pronto.

Recibid un fuerte abrazo de,

(firma)

Por el nacimiento de un hijo (no el primero)

Queridos ... y ...:

Nuestra más sincera felicitación por el nacimiento de vuestro tercer hijo. Debéis sentiros orgullosos con esta, ya, familia numerosa.

Vuestra madre, que ha sido quien nos ha dado la noticia, nos ha dicho que los otros dos son una preciosidad.

Deseamos poder ir un día a vuestra ciudad a conocerlo y pasar unas horas junto a toda la familia.

Esperamos que ... pronto se encuentre restablecida.

Recibid una vez más nuestra enhorabuena y un fuerte abrazo, de vuestros amigos,

(firma)

Por el nacimiento de un nieto

Queridos ... y ...:

Nuestra más sincera enhorabuena por el nacimiento de este bebé, vuestro primer nieto.

Convertirse en abuelo es, sin duda, una de las más bonitas recompensas que tiene la vida.

85

Compartimos con vosotros estos bellos momentos de felicidad familiar.

Felicitad a ... y a ... de nuestra parte.

Recibid nuestros más afectuoso saludo,

(firma)

FELICITACIÓN POR UNA LABOR REALIZADA

(lugar y fecha)

Mi querida ...:

Por tu madre me he enterado del éxito que está teniendo tu labor como asistente social en la India.

Siempre he admirado tu generosidad, tu capacidad de entrega a los más necesitados, y jamás he dudado que llegarías a triunfar, si es que en este terreno se puede hablar en estos términos.

Sigue adelante, mi buena amiga. Sabes que cuentas con el apoyo de todas nosotras.

Con nuestra más sincera felicitación, recibe un afectuoso saludo.

(firma)

(lugar y fecha)

Membrete
Sr. D. ...

Apreciado amigo:

Al conocer los éxitos obtenidos por ..., que usted dirige, en el mercado internacional de ..., donde su firma ha conseguido varios premios y distinciones, plácenos con estas líneas manifestarle nuestra más sincera satisfacción por el notable triunfo, tan merecido por la dedicación y el esfuerzo con que realiza su labor.

Con nuestra más cordial y sincera felicitación, reciba un afectuoso saludo.

(firma y antefirma)

FELICITACIÓN POR UN ÉXITO OBTENIDO

(lugar y fecha)

Querido ...:

Me ha llenado de alegría leer en las páginas de crítica literaria de los más prestigiosos periódicos que tu última novela ha ganado el Premio ...

Siempre me han entusiasmado tus novelas, y jamás he dudado que llegarías a triunfar.

Me hubiera gustado felicitarte personalmente, pero motivos personales me impiden viajar a la capital hasta finales de año. Mientras tanto, recibe mi más cordial y sincera felicitación.

Saluda a tu esposa de mi parte, hasta pronto.

(firma)

FELICITACIÓN A UNA AMIGA QUE VA A CASARSE

(lugar y fecha)

Querida ...:

No te puedes imaginar cuánto me alegré al saber que pronto te vas a casar con ... Ya sabes la gran estima en que os tengo a los dos, y hubiera sentido mucho que vuestras relaciones no hubieran llegado a tan buen puerto.

Creo que podéis formar un matrimonio extraordinario.

Felicita al afortunado de mi parte, y recibid los dos un fuerte abrazo.

(firma) **87**

Respuesta de cortesía

(lugar y fecha)

Mi buena amiga ...:

Ayer recibí tu carta de felicitación por mi inminente enlace matrimonial.

La verdad es que sentí que alguien se me hubiera adelantado en comunicarte la noticia. Pero estos días, me siento como absorbida por los preparativos que toda boda conlleva.

No me olvido de ti, ni de la gran estima en que nos tienes a ... y a mí. Ambos deseamos que nuestra unión sea tan acertada como tú misma siempre nos has augurado.

Muchas gracias por tu cariñosa carta.

Recibe un fuerte abrazo de

(firma)

FELICITACIONES DE NAVIDAD Y ANO NUEVO

La existencia de felicitaciones impresas para estas ocasiones facilita enormemente la tarea de felicitar durante esas fechas. La mayoría de tarjetas lleva impreso el texto, por lo que en muchos casos sólo hace falta firmarlas.

Frecuentemente, cuando hay que enviar un gran número de estas felicitaciones, se suelen hacer imprimir con el texto, personalizado.

Los clásicos textos navideños versan sobre conceptos tales como la paz, el amor, la comprensión, la alegría...

Para Año Nuevo, los textos aluden a los deseos de prosperidad, éxito y bienestar para el futuro.

Cuando en una misma felicitación se formulan los mejores deseos para el conjunto de todas estas fiestas, se unen conceptos de los dos apartados: paz y prosperidad; alegría y bienestar, por ejemplo.

Ofreceremos aquí algunos ejemplos:

• Feliz Navidad y un Próspero Año Nuevo.

• Deseamos tengan unas Navidades llenas de paz y alegría, y un Año Nuevo próspero y feliz.

• Que la Navidad avive en todos nosotros el sentimiento de fraternidad humana y que el nuevo año traiga al mundo el bienestar y la máxima igualdad entre los hombres.

• Nuestra más sincera felicitación para estas Navidades, y nuestros mejores deseos de prosperidad para el año ...

• Que Dios les colme de bendiciones en estas Fiestas de Navidad, y en el año ... que va a comenzar.

Muchas veces se transcriben textos bíblicos, pontificios o literarios, que hacen referencia a la Navidad o al Año Nuevo.

SALUDAS Y BESALAMANOS

El besalamano era una esquela con la abreviatura B.L.M., que se redactaba en tercera persona y que no llevaba firma. En la actualidad, el saluda ha venido a sustituir esta fórmula. De hecho, tiene la misma función y está mucho más acorde con nuestros días. La finalidad de ambos es saludar y ofrecerse desde un nuevo cargo, invitar, felicitar...

Normalmente, van impresos en papel de buena calidad, en hojas tamaño cuartilla, o algo menores, en sentido longitudinal, dejando espacios en blanco para escribir, casi siempre a máquina, el cuerpo del escrito, que variará según los casos, el nombre de la persona a quien se dirige y la fecha.

En la parte superior del saluda va impreso el cargo que ostenta en aquel momento la persona que lo envía; debajo, la palabra SALUDA bien destacada.

Seguidamente, se deja un espacio en blanco para el nombre del destinatario y el cuerpo del escrito.

En la parte inferior aparecen impresos el nombre y los apellidos de quien ostenta el cargo y, debajo del mismo, una frase cortés de despedida.

89

Al pie de la hoja figurará la localidad y los espacios correspondientes para escribir la fecha.

Las frases de despedida serán las acostumbradas:

- Aprovecha esta oportunidad para saludarle muy atentamente.
- Aprovecha esta ocasión para testimoniarle su consideración.

Veamos, a continuación, un esquema de saluda:

EL
DIRECTOR GENERAL
DE POLÍTICA COMERCIAL

SALUDA

....
....
....
....

Carlos Gómez Fuentes

aprovecha esta oportunidad para
testimoniarle su consideración

Barcelona, ... de ... de 19...

EJEMPLO DE SALUDA ESCRITO

EL
DIRECTOR GENERAL
DE POLÍTICA COMERCIAL

SALUDA

a D. Ramón M.ª Estévez, y le invita
al acto que, con motivo de la inauguración del Salón ..., tendrá
lugar en la sala de actos del ...
el próximo sábado, día ..., a las ...

Carlos Gómez Fuentes

aprovecha esta ocasión para
saludarle muy atentamente.

Barcelona, 13 de agosto de 1993

PARTICIPACIONES

Las participaciones tienen como finalidad comunicar a los familiares y amigos acontecimientos de la vida familiar que tienen alguna repercusión en la vida social.

En algunos casos las participaciones pueden tener carácter comercial.

Su formato puede ser múltiple: rectangular, cuadrado, díptico,
tríptico... La gente, sin embargo, tiende a simplificar, y se extiende
el uso de la cartulina blanca, de forma rectangular, adaptada a
cualquiera de los sobres de tamaño normalizado.

No está de más que el tamaño de las participaciones se adap-
te a las normas del Servicio de Correos; de lo contrario, se deberá
pagar doble o triple franqueo. El capricho, muchas veces, no vale
la pena, a no ser en casos excepcionales en que el valor artístico
de la participación se imponga sobre el precio de la tarifa.

Se acostumbra a imprimir en cartulina blanca o clara, aunque
hay quien usa el color y papeles de distinta calidad, tanto superior
como inferior.

Tanto el sistema de impresión como los tipos de letra pueden
ser muy distintos. Se pueden emplear uno o varios colores. Naturalmente, cualquier variación influye directamente en el precio.

El caso más corriente es el de la participación de boda. El nacimiento, la petición de mano, etc., son también motivos para la impresión y envío de participaciones, pero hoy en día no se utilizan tanto.

En la actualidad se discute si han de ser los padres o los contrayentes quienes envíen la participación. No existe una norma
fija. Hasta ahora eran los padres quienes hacían partícipes a familiares y amigos de la boda de sus hijos.

Pero los jóvenes aceptan cada vez menos el que los demás
actúen en su nombre y quieren ser ellos mismos quienes hagan

91

partícipes a sus amigos de un acontecimiento que modificará el curso de sus vidas.

Veamos algunos ejemplos de participaciones:

PARTICIPACIONES DE BODA

En las participaciones de boda no suele indicarse el día exacto de la celebración, ya que al imprimirse con bastante antelación muchas veces éste aún no se ha fijado.

Puede omitirse también la iglesia donde va a celebrarse. A los invitados ya les constará en la invitación.

Los nombres de los padres del novio figurarán a la izquierda, y los de la novia a la derecha; el nombre del novio figurará también primero que el de la novia.

Al pie puede imprimirse la dirección de las dos familias, una a la izquierda y la otra a la derecha, en letra más pequeña.

Puede también discutirse si se debe tratar de tú o de usted a los invitados. El «tú» en singular no parece apropiado; sí en plural, ya que puede confundirse con el antiguo «vos», que es respetuoso.

Cuando se trata de comunicar la celebración de un matrimonio civil, suele invitarse únicamente a la recepción.

Veamos algunos ejemplos:

Si son los padres quienes comunican el evento

José Moreno Ruiz   Juan Piera Manzana
María Giménez de Moreno   Teresa Miró de Piera

Se complacen en participarles el próximo enlace de sus hijos

Carlos y Mireia

que tendrá lugar (D.m.), durante la primera quincena de diciembre, en la Iglesia Parroquial de ...

Barcelona, octubre de 19...

Si uno de los padres es viudo

José Moreno Ruiz
María Giménez de Moreno

Juan Piera Manzana
Vdo. de Teresa Miró

Si uno de los contrayentes no tiene padres

Pueden actuar en su nombre los abuelos, aunque parece más lógico que sean los mismos novios quienes lo hagan:

Antonio Muñoz Ochoa
Marta Fuentes Ginés

se unirán en santísimo matrimonio la primera quincena del mes de marzo, en la Iglesia de ...
Junto a sus familiares, tiene el gusto de participároslo.

Barcelona, febrero de 19...

Antonio Muñoz Ochoa
Marta Fuentes Ginés

se complacen en anunciaros que se casarán la segunda quincena de marzo, en la Real Basílica de ...

Barcelona, febrero de 19...

Antonio Muñoz Ochoa
Marta Fuentes Ginés

se casarán, D.m., durante la primera quincena de marzo en la Iglesia Parroquial de ...
Junto con sus padres y demás familiares, se complacen en comunicárselo.

Barcelona, febrero de 19...

En algunas ocasiones, si la boda, por motivos imprevistos o por deseo expreso de los contrayentes, se ha celebrado en la más estricta intimidad y no se ha comunicado a las amistades, puede hacerse después, una vez celebrado el enlace.

En estas ocasiones, puede aprovecharse para comunicar el domicilio la misma tarjeta de participación:

Antonio Muñoz Ochoa
Marta Fuentes Ginés

Se complacen en comunicarles su enlace matrimonial, celebrado el pasado ... de ... en ... y os ofrecen su nuevo domicilio.

Balmes, 34, pral. - tel. 93 632 56 78   08023 BARCELONA

PARTICIPACIONES DE NACIMIENTO

Los padres de un nuevo bebé acostumbran a hacer partícipes de la noticia a sus familiares y amigos a través de una tarjeta impresa, evitándose de esta manera multitud de cartas o de llamadas telefónicas.

Las participaciones de nacimiento tienen un tamaño menor que las de boda. Llegan incluso a imprimirse en tarjetas bastante pequeñas, simulando que es el propio bebé quien anuncia su llegada a este mundo. Esta variedad, sin embargo, puede rayar en la cursilería.

Lo normal y lo más lógico es que sean los padres quienes comuniquen la noticia del nacimiento junto con sus otros hijos si los tienen. Esta fórmula sirve de recordatorio a las amistades sobre el número de hijos que tiene el matrimonio.

El día del bautizo se acostumbra a obsequiar a los presentes en la celebración con una pequeña bolsa o cajita de dulces, a las que se suele añadir una tarjeta del recién nacido en la que figuran su nombre, su fecha de nacimiento y su fecha de bautizo.

Veamos algunos ejemplos de cómo se debe redactar una participación de nacimiento:

Si son los padres quienes lo comunican

Pedro Blas Pérez y Mónica Batlle Oriol

se complacen en comunicarles el nacimiento de su hijo ..., que tuvo lugar el pasado día ... de ..., de ...

Barcelona, mayo de 19...

Pedro Blas Pérez y Mónica Batlle Oriol

se complacen en participarles el nacimiento de su segundo hijo ..., que tuvo lugar el pasado día ..., de ..., de ...

Barcelona, mayo de 19...

Si consta el nombre de los otros hermanos

Pedro Blas Pérez y Mónica Batlle Oriol,
junto con María y José Luis,
se alegran en comunicarles el nacimiento de

Pedro

que tuvo lugar en Madrid, el 23 de enero de 19...

Tarjetas

Pedro Blas Batlle
Madrid, 23 enero 19...

Pedro Blas Batlle

Nacido 23-01-87   Bautizado 10-02-87

Invitación formal para un bautizo

Pedro Blas Pérez y Mónica Batlle Oriol
se complacen en invitarles a la fiesta que, con motivo del bautizo **95**

de su hija Mónica, celebrarán el próximo sábado, día ..., a las 6 de la tarde, en su finca de ...

Madrid, enero de 19...

Puede hacerse una invitación más formal, dejando un espacio en blanco para escribir a mano el nombre del invitado.

PARTICIPACIONES DE PRIMERAS COMUNIONES

Las primeras comuniones van dejando de ser un acto social, recuperando cada vez más su sentido religioso y litúrgico originario.

Las grandes fiestas de antes se van convirtiendo en reuniones estrictamente familiares, amenizadas, muchas veces, con una pequeña fiesta infantil.

Para hacer partícipes de las primeras comuniones a familiares y amigos no es costumbre enviar participaciones. Se imprimen estampas-recordatorios del día.

El tamaño de las estampas suele ser pequeño, entre el de una tarjeta postal y una de visita. En el anverso se suele imprimir algún dibujo o fotografía que tenga relación con este hecho religioso; en el reverso, el nombre del niño que va a recibir la Primera Comunión, el lugar donde se va a celebrar el evento y la fecha.

Veamos algunos ejemplos de estampas:

Ramón Fernández Ochoa
ha recibido por vez primera el
Sacramento de la Eucaristía,
el día ... de ..., de ... en la
Parroquia de ...

Barcelona, ... de 19...

M.ª Luisa Ferran Capanella
ha celebrado su Primera Comunión
el día ..., de ..., de ..., en la
Capilla de ...

96

Barcelona, ... de 19...

Si la Primera Comunión la celebran varios niños a la vez

Pueden imprimirse los nombres de todos ellos en la misma estampa-recordatorio:

Elvira Romero Cabezal
Luis Jiménez Clavé
María Bello Esbobedo
Rosa Capellán Rubio
Eusebio Tirón Billó
Carlos Pérez Roca

han recibido por primera vez el
Sacramento de la Eucaristía en la
Iglesia Parroquial de ..., el
día ..., de ..., de ...

Mataró, mayo 1987

PARTICIPACIÓN DE PETICIÓN DE MANO

Normalmente, son los padres de la novia quienes suelen comunicar a familiares y amigos tal evento.

Veamos algún ejemplo:

José Espinal Lloret y María Pedal de Espinal
se complacen en comunicarles que los
Sres. de ... han pedido la mano de su
hija María, para su hijo Carlos.

Barcelona, mayo de 19...

José Espinal Lloret
María Pedal de Espinal
se complacen en anunciarles la petición
de mano de su hija María, por los señores

97

de ... para su hijo Carlos, que tendrá
lugar el próximo día ..., de ...

Barcelona, mayo de 19...

José Espinal Lloret
María Pedal de Espinal
   se complacen en anunciar, para el próximo
   día ... de ..., la petición de mano de su
   hija... por D. ...

Barcelona, mayo de 19...

PÉSAMES Y CONDOLENCIAS

Las cartas de este tipo son las más delicadas de escribir. Su finalidad es consolar a familiares o amigos que han pasado un trance doloroso. Nuestra carta no les liberará del pesar, pero podremos lograr con ella que la persona se sienta más acompañada, que sepa que tiene personas a su lado con las que puede contar.

Este tipo de cartas acostumbra a ser corto. No es necesario remarcar la suma delicadeza con que deben estar escritas estas cartas; hay que tener presente que el receptor se halla en un estado extremadamente sensible y que necesita nuestro consuelo.

Evitaremos, siempre que podamos, las típicas frases hechas, que suenan vacías. Quien las reciba tendrá la impresión de que escribimos por puro compromiso, no por solidaridad sincera. Si de verdad se aprecia a la persona fallecida y a la que ha sufrido la pérdida o el percance, lo mejor es dejarse llevar por el primer sentimiento experimentado al conocer la noticia, y expresarlo sencillamente, tal y como sale de nuestro corazón. Las frases habituales sirven de pauta a quienes tienen dificultad de expresión, pero siempre serán preferibles las frases más espontáneas.

En este apartado incluiremos no sólo las cartas de pésame por la muerte de un ser querido, sino también todas aquellas con las que nos unimos al dolor y sufrimiento de otra persona ocasionado por desgracias diversas.

Las tarjetas, tarjetones y telegramas se utilizan sólo en el caso de fallecimiento repentino, o para expresar deseos de restablecimiento en un accidente grave, por ejemplo.

POR LA MUERTE DEL ESPOSO (O ESPOSA)

Telegrama

Apenados fallecimiento amado esposo. Inmejorable compañero. Rogamos a Dios. Te acompañamos en tu dolor. Sinceramente. Abrazos.

Tarjeta

Nuestro más sincero pésame por la muerte de tu amado esposo, inmejorable compañero al que recordaremos siempre. Oraremos a Dios por él y por todos vosotros.

Tarjetón

La repentina muerte de tu esposo nos ha conmovido profundamente. Sabes la mucha estima que sentíamos por él. Comprendemos tu inmenso dolor, uniéndonos a él y a tus oraciones. No hay palabras que puedan consolarte y que nosotros podamos escribir, pero cuenta con nuestra más sincera amistad en estos momentos de dolor.

Carta

(lugar y fecha)

Queridísima ...:

La noticia de la repentina muerte de tu querido esposo nos ha conmovido profundamente. Imaginamos cuánto debe ser tu dolor ante semejante pérdida. Enrique era una de esas personas difíciles de olvidar, hombre, compañero, amigo admirable.

Es imposible consolarte de su partida, no encontramos palabras que reemplacen su amor y compañía; pero sí ha de darte paz y esperanza el pensar lo mucho que ha querido, lo mucho

99

que te ha querido a ti y a los tuyos, y lo mucho que le hemos querido los que con él hemos tratado.

Sabes que siempre nos tienes a tu lado. Jamás debes dejar de recurrir a nosotros cuando nos necesites.

Un fuerte abrazo y nuestras más sinceras oraciones.

(firma)

POR LA MUERTE DEL PADRE (O MADRE)

Telegrama

Profundamente afligidos por fallecimiento padre. Nos unimos a vuestro dolor y oraciones. Abrazos.

Tarjeta

Nuestro más sincero pesar por la muerte de vuestro querido padre. Hombre ejemplar al que admirábamos y al que recordaremos siempre. Oraremos por él.

Tarjetón

Sinceramente apenados por la muerte de tu estimado padre, nos unimos a vuestro dolor y a vuestras oraciones.

Se trataba de un hombre ejemplar, de gran humanidad y de ejemplar conducta. Guardaremos siempre un afectuoso recuerdo de él en nuestros corazones.

Te rogamos que transmitas nuestro sentimiento de condolencia a todos tus familiares.

Un abrazo entrañable y un recuerdo afectuoso

Carta

(lugar y fecha)

Querida ...:

Recibimos, muy apenados, la triste noticia de la muerte de tu querido padre. De todos es sabido que se trataba de un hombre admirable que despertaba el afecto de todos los que hemos tenido la suerte de conocerlo.

Es envidiable dejar tras de sí una vida tan rica y plena; en estos momentos de dolor debe serviros de gran consuelo a todos vosotros.

Su recuerdo permanecerá siempre vivo en nuestros corazones.

Tan pronto como nos sea posible, iremos a veros.

Sabed que podéis contar con nosotros para lo que sea necesario, y que os tenemos muy presentes en nuestras oraciones.

Recibid un fuerte abrazo.

(firma)

POR LA MUERTE DE UN HIJO (O HIJA)

Telegrama

Consternados ante noticia súbito fallecimiento de vuestro hijo. Os acompañamos profundo dolor. Abrazos.

Tarjeta

Estamos muy apenados por la triste noticia del fallecimiento de vuestro hijo ...

Os enviamos nuestro más sincero pésame y rogamos a Dios por su alma y para que os dé paz y serenidad.

Tarjetón

Profundamente afligidos por la noticia de la muerte de vuestro estimado hijo ..., no hallamos palabras para manifestaros el pesar que esta pérdida nos produce.

Deben ser muy amargos para vosotros, los padres y para sus hermanos, estos momentos.

Os enviamos nuestros sentimientos de profundo dolor que están unidos a los vuestros, sinceramente.

101

Carta

(lugar y fecha)

Queridos ... y ...:

Deseamos expresaros nuestro más profundo pesar ante la noticia de la muerte de vuestro querido hijo ...

Nos sentimos incapaces de hallar palabras de consuelo para vuestro dolor, que sabemos grandísimo.

Quisiéramos que os llegara nuestro sentir, callado, pero profundo y sincero, y que nos sintierais cerca, acompañándoos, infundiéndoos la esperanza de que volveréis a estar con él algún día.

En cuanto nos sea posible, iremos a veros.

Recibid un abrazo muy entrañable.

(firma)

POR LA MUERTE DE UN HERMANO

Telegrama

Apenados triste noticia fallecimiento querido hermano. Os acompañamos en vuestro dolor y oraciones. Abrazos.

Tarjeta

Sentimos muchísimo la muerte de vuestro estimado hermano, tan querido por todos nosotros. Os acompañamos en vuestro dolor y rogamos a Dios por él en nuestras oraciones.

Tarjetón

Estamos profundamente apenados por la pérdida de vuestro hermano ..., al que nos unía un gran afecto y amistad. Sabemos que ha sido un duro golpe ver desaparecer a un familiar tan cercano, tan entrañable, a una edad tan temprana.

Rogamos a Dios por él y os mandamos desde aquí nuestro más sincero pésame.

Carta

(lugar y fecha)

Queridos ...:

Con profundo pesar nos enteramos de la muerte de vuestro hermano ..., tan querido por todos nosotros. Se nos hace muy difícil expresaros lo que en estos momentos sentimos en nuestros corazones.

Con estas modestas líneas os queremos hacer llegar nuestro sentir, callado y profundo, para que nos sintáis cerca, muy cerca, acompañándoos en vuestro dolor, infundiéndoos la esperanza de que, sin duda, volveréis a estar con él algún día.

Os acompañamos en vuestro dolor y oraciones.

Recibid un fuerte abrazo.

(firma)

RESPUESTAS

Es de buena educación responder a todas las cartas, aunque éstas sean de condolencia. Si la escasez de tiempo nos impide contestar con una larga carta o tarjeta, podemos enviar un recordatorio o una tarjeta impresa de agradecimiento.

En este tipo de tarjetas acostumbran a figurar los nombres de los familiares más íntimos, por orden de parentesco, y una frase de agradecimiento.

Veamos unos ejemplos:

Si el finado es un hombre casado con hijos

El tarjetón lo encabezará el nombre de la esposa, seguido del de los hijos, de mayor a menor, y el de las nueras y yernos, empezando por el casado con la mayor o el mayor. Se colocarán uno debajo del otro.

103

Al pie se escribirá:
Agradecen su condolencia,
o bien,
Muy agradecidos por su sentido pésame.

Tarjetón agradeciendo el pésame

Queridos ...:

Agradecemos muchísimo vuestra cariñosa carta.
Nos sentimos muy reconfortados al ver que no estamos solos en estos dolorosos momentos, comprobando que ... era tan estimado por todos.
Muchas gracias.
Un abrazo de,

(firma)

CONDOLENCIA A UN AMIGO QUE HA SUFRIDO UN REVES DE LA FORTUNA

(lugar y fecha)

Querido ...:

Por tu madre he sabido que las cosas no te van tan bien como quisieras. Tal vez pensabas que cambiando de trabajo tus problemas económicos se solucionarían, y no ha sido así.
No desesperes. Estoy convencido de que pronto te abrirás de nuevo camino. Confía en ti mismo, como siempre has hecho, sabes que tienes talento, que vales mucho y que sólo hace falta que te den una oportunidad.
En estos momentos difíciles y, como siempre, cuenta conmigo, sabes que me tienes a tu lado y que haré cuanto esté en mi mano para ayudarte.

Recibe un cordial abrazo de tu amigo,

104

(firma)

CARTA DE CONDOLENCIA POR UN ACCIDENTE GRAVE
SUFRIDO POR UN CÓNYUGE O POR LOS HIJOS

(lugar y fecha)

Querido ...:

Con gran consternación recibimos la noticia del grave accidente que ha sufrido tu ... en el jardín de vuestra torre.

Imaginamos los angustiosos momentos que estarás pasando, en la constante duda del resultado de la intervención quirúrgica a que tuvisteis que someterlo.

Pero no desesperéis. Tened confianza. Todo saldrá bien.

Quisiéramos poder ayudaros al menos compartiendo con vosotros estos momentos de dolor. Acudid a nosotros siempre que lo necesitéis, aunque sólo sea para desahogaros. Prometemos visitaros.

Recibid un fuerte abrazo y nuestros mejores deseos de restablecimiento para ...

(firma)

CARTA A UN AMIGO QUE HA ROTO SU COMPROMISO MATRIMONIAL

(lugar y fecha)

Querido ...:

La verdad es que me ha sorprendido mucho la noticia de tu ruptura con ..., ¡se os veía tan enamorados!

No sé si soy indiscreta al escribirte estas cuatro líneas, mas no me gustaría avivar en ti el recuerdo de tan desagradable momento, sino ofrecerte mi amistad por si necesitas charlar un poco y desahogarte.

Recibe un cordial y sincero abrazo de tu amiga,

(firma) **105**

AGRADECIMIENTOS

Agradecer, a través de una carta, un gesto que han tenido para con nosotros, es señal de buena educación.

Es muy frecuente que entre amigos o familiares se pidan favores, pero todavía es más frecuente olvidar agradecerlos. Algo parecido ocurre con los obsequios.

Debemos agradecer siempre los detalles que los demás tienen con nosotros, aunque la gestión realizada no haya tenido éxito, aunque el regalo no nos haya gustado en absoluto, o aun cuando hubiéramos preferido que no se inmiscuyeran en nuestros asuntos personales.

No recibir unas líneas de agradecimiento cuando se ha hecho un favor o se ha tenido una delicadeza para con alguien, despierta en uno el desagradable sentimiento de sentirse usado como medio para satisfacer necesidades puntuales o solucionar problemas, prescindiendo de su cualidad humana.

Según la importancia del favor, o según la persona de quien provenga, escribiremos una tarjeta, carta o tarjetón.

Los regalos se acostumbran a agradecer con una pequeña tarjeta, a no ser que sean excepcionales, en cuyo caso se obrará en consecuencia.

A continuación ofrecemos algunos ejemplos:

CARTA O TARJETA DE AGRADECIMIENTO POR UN FAVOR DE UN AMIGO

(lugar y fecha)

Querido ...:

Te agradezco muchísimo que acompañaras a casa a mi hija pequeña ante semejante tormenta.

Gracias a ti llegó a casa sana y salva, y muy contenta por haber podido jugar un poco más con tus hijos.

Recibe un abrazo mío y de mi esposa,

(firma)

Querido ...:

Muchísimas gracias por todo. No te puedes imaginar el enorme favor que me has hecho.

Un fuerte abrazo,

(firma)

(lugar y fecha)

Querido ...:

No sé cómo darte las gracias por el enorme favor que me has hecho. Gracias a tu carta de recomendación he conseguido que me aceptaran en la empresa que tú diriges.

Sin tu colaboración, me hubiera resultado todo más difícil, tal vez imposible.

Te agradezco infinitamente tu ayuda y te envío un cordial saludo.

(firma)

CARTA AGRADECIENDO UN FAVOR A UNA PERSONA INFLUYENTE

(lugar y fecha)

Distinguido señor:

Con esta carta quisiera agradecerle todas las molestias que se ha tomado por mi caso. De no ser por usted, en estos momentos me encontraría sin trabajo, lo que supondría un grave problema para mí y para mi familia.

Ruego disculpe las molestias que le haya podido ocasionar el dedicarse a mi caso.

Reciba un afectuoso saludo de mi familia entera.

(firma) **107**

(lugar y fecha)

Distinguido señor:

Permítame que le haga llegar estas líneas con las que me atrevo a expresarle mi agradecimiento por la gentileza que ha tenido brindándome el participar en las reuniones de la Junta Directiva.

No se arrepentirá de haber tomado esta decisión. Por mi parte, lo voy a considerar con mi más alto interés.

Muchas gracias de nuevo y reciba un respetuoso saludo.

(firma)

AGRADECIMIENTO POR UN SERVICIO PRESTADO

(lugar y fecha)

Querida …:

Te agradezco infinitamente que hayas sido tú la que te hayas ofrecido a sustituirme durante esos días que voy a estar de viaje.

Siempre he creído que tú eras la persona indicada para hacerlo, pero no me había atrevido a pedírtelo. Te agradezco tu disponibilidad para con tus amigos.

Muchísimas gracias de nuevo, recibe un fuerte abrazo de tu compañera de oficina,

(firma)

AGRADECIMIENTO POR UNA ATENCIÓN RECIBIDA

(lugar y fecha)

Mis queridos …:

Os agradecemos mucho las atenciones que tuvisteis con nuestros suegros en su viaje a vuestro país.

De no ser por vosotros, no hubieran conocido ni la mitad de cosas que visitaron.

Sin quizá pretenderlo, hicisteis que pasaran unos días inolvidables con vuestra compañía, en vuestra maravillosa ciudad.

Gracias una vez más. Recibid un fuerte abrazo.

(firma)

AGRADECIMIENTO POR LA HOSPITALIDAD PRESTADA

(lugar y fecha)

Queridísima señora …:

Recordaré siempre con mucho cariño los días que pasé en su casa. No sabe cuánto le agradezco su amable hospitalidad para conmigo.

He pasado unos días muy agradables; usted hizo que me olvidara de los problemas, de mis situaciones cotidianas en la oficina, mostrándome a fondo su país y ayudándome a entablar nuevas amistades. Para mí ha sido como desaparecer unos cuantos días de mi realidad urbana, casi como una visita a un balneario. Espero poder abrazarla de nuevo bien pronto.

Mientras tanto, reciba todo mi afecto y gratitud.

(firma)

(lugar y fecha)

Queridos …:

Ya estamos otra vez en casa. Parece mentira lo rápido que han pasado los días que estuvimos en vuestra compañía gozando de vuestra amistad.

Para los niños ha sido un corto paréntesis muy saludable. No hacen más que hablar de vosotros, de las pequeñas excursiones que hicieron con el todo-terreno, de la piscina.

Sois unos anfitriones fenomenales, de verdad que nos hemos sentido como en casa.

Os agradecemos muchísimo todas las atenciones que tuvisteis con nosotros. Recibid un cariñoso abrazo.

(firma) **109**

AGRADECIMIENTO POR LA FELICITACIÓN POR UN ÉXITO OBTENIDO

(lugar y fecha)

Querido ...:

Te agradezco la cariñosa carta que me enviaste al enterarte del éxito de mi última novela.

La verdad es que yo mismo estoy sorprendido de que el jurado de un premio tan importante haya fallado en mi favor.

Ya ha pasado una semana y todavía no me lo acabo de creer.

Gracias por tus palabras, que sé que no son vacías. Gracias porque sé que nunca me ha faltado tu ánimo y por haber creído siempre en mi obra. El premio nos pertenece a los dos.

Recibe un fuerte abrazo de tu buen amigo,

(firma)

AGRADECIMIENTO POR LA FELICITACIÓN DE UN FAMILIAR AL TERMINAR LOS ESTUDIOS

(lugar y fecha)

Querido ...:

Te agradezco tu cariñosa felicitación por la buena calificación que he obtenido en mi licenciatura. Tú también has pasado por esta Facultad y sabes lo duro que es el último curso.

Estoy satisfecho de mis resultados, no en vano, como bien sabes, he trabajado fuerte para conseguirlo.

Ahora tengo esperanzas en el porvenir y en que todos los esfuerzos dedicados al estudio me sean útiles para convertirme en un buen profesional, consciente de mis obligaciones y de mi responsabilidad social.

Gracias una vez más por tu felicitación y por tu constante ánimo durante mis estudios.

Recibe un entrañable abrazo de tu ...,

(firma)

AGRADECIMIENTO POR LA FELICITACIÓN RECIBIDA AL OBTENER UN CARGO IMPORTANTE

(lugar y fecha)

Querida ...:

No sabes cuánto te agradezco tu felicitación, que sé del todo sincera. Tú siempre te has alegrado con mis éxitos, también me has acompañado en aquellos momentos no tan alegres. Siempre has estado a mi lado y has procurado ayudarme y alentarme aun cuando yo misma dudaba de mi capacidad para desempeñar los puestos de trabajo que se me proponían.

Tu carta me llenó, una vez más, de confianza, de confianza en mí misma y en tu amistad. Gracias. Sé que podré llevar a buen término lo que desde ahora se me exigirá en el trabajo. Conozco mis ganas de trabajar y de ser eficaz.

Gracias una vez más por todo.

Recibe un fuerte abrazo de tu amiga,

(firma)

AGRADECIMIENTO POR LA FELICITACIÓN RECIBIDA POR LA SUERTE EN LA LOTERÍA

(lugar y fecha)

Mi muy querido ...:

Gracias por tu felicitación. La verdad es que todavía no he reaccionado ante la noticia. Debería de dar saltos de alegría, pero todavía no me hago a la idea.

Tu felicitación no fue la única, como muy bien te puedes imaginar. Han sido muchas las personas que se han acordado de mí en esta tan alegre circunstancia, pero sé que la tuya era sincera. sé que tú realmente te alegras por este éxito totalmente imprevisto. Sé que no hay ningún interés escondido en tus intenciones y esto me llena aún más de gozo, porque sé que un puñado de pesetas no va a hacer tambalear nuestra amistad.

Recibe un cordial abrazo de

(firma) **111**

AGRADECIMIENTO POR LA FELICITACIÓN
POR EL ANUNCIO DE UN COMPROMISO MATRIMONIAL

Querida ...:

Muchas gracias por tu cariñosa carta, sabía que la noticia de mi inminente matrimonio con ... te llenaría de gozo y de alegría.

Ya hacía tiempo que le dábamos vueltas al asunto y, finalmente, el ascenso laboral de ... nos ha hecho decidirnos.

¡No te puedes imaginar lo ilusionada que estoy! Sé que seremos muy felices.

Tengo muchas ganas de verte y de poder charlar contigo.

Gracias una vez más y recibe un fuerte y cariñoso abrazo.

(firma)

AGRADECIMIENTO POR LA FELICITACIÓN DE BODA Y POR EL REGALO

(lugar y fecha)

Queridos ...:

Os agradecemos mucho vuestra sincera felicitación y vuestro magnífico regalo.

Lamentamos que no podáis acompañarnos el día de nuestro enlace matrimonial. Para nosotros, es una fecha muy importante y desearíamos estar rodeados de todos aquellos seres queridos.

Seguro que os echaremos mucho de menos.

Un abrazo muy fuerte de

(firma)

AGRADECIMIENTO POR LA FELICITACIÓN POR EL NACIMIENTO DE UN HIJO

(lugar y fecha)

Queridos ...:

Recibimos, hace ya una semana, vuestra cariñosa felicitación con motivo del nacimiento de nuestro bebé. Debéis disculparnos nuestro retraso en agradecérosla, pero esto de ser padres es más complicado de lo que nos habían contado. ¡No tenemos tiempo para nada!

Estamos un poco asustados ante la responsabilidad que todo esto conlleva; suponemos que a todos los nuevos padres les sucederá lo mismo, pero esperamos que la vida irá serenando nuestros sentimientos sin que éstos pierdan su emotiva profundidad.

Muchas gracias, una vez más, por vuestra felicitación y porque sabemos que vosotros os alegráis tanto como nosotros.

Recibid un fuerte abrazo.

(firma)

AGRADECIMIENTO POR LA FELICITACIÓN POR EL NACIMIENTO DE GEMELOS

(lugar y fecha)

Queridos ...:

Agradecemos vuestra felicitación muy de veras. La verdad es que somos tan felices que es imposible expresarlo. Después de ya casi nueve años de matrimonio, cuando ya habíamos perdido la esperanza de ser padres, llega, de pronto, la noticia de que en unos meses vamos a ser padres no de uno, sino de dos a la vez.

Los meses han pasado y ahí están, dos niños sanos y fuertes.

No te puedes imaginar la ilusión que nos hizo verlos la primera vez.

En casa sólo se habla de niños. Mi esposa está también muy animada y ya se ha recuperado del todo.

Esperamos vuestra visita bien pronto.

Recibid un fuerte abrazo.

(firma) **113**

LA CORRESPONDENCIA PRIVADA

AGRADECIMIENTO POR REGALOS RECIBIDOS

Regalos de boda

- A personas mayores que no son de la familia:
Agradecemos muchísimo el magnífico detalle que han tenido con nosotros con motivo de nuestro enlace matrimonial.

  Su obsequio ocupará sin duda un lugar preferente en nuestro nuevo hogar, no sólo por lo mucho que nos gusta, sino por proceder de ustedes, personas a las que tanto apreciamos.

- A unos amigos de los padres:
Estamos muy agradecidos por su espléndido regalo. Era algo que siempre habíamos deseado tener. Ahora, a la ilusión de gozarlo, se unirá el grato recuerdo de ustedes.

- A un amigo de los novios:
Muchísimas gracias por tu obsequio. Nos ha hecho mucha ilusión, y sobre todo que pensaras en nosotros en esta ocasión tan feliz.

  Esperamos poder disfrutar de él, a menudo, en tu compañía. Recibe un cariñoso saludo.

- Tarjetas de agradecimiento por regalos de boda:
Muchísimas gracias por su obsequio.
Agradecidos por su acertado regalo.
Su regalo nos ha hecho muchísima ilusión. Gracias.
Infinitas gracias por su obsequio.
Agradecidísimos por su maravilloso regalo.
Encantados con su magnífico obsequio.
Muchas gracias por su detalle, de un gusto exquisito.
Les estamos muy agradecidos por su bonito detalle.

Regalos del Bautizo o de la Primera Comunión

Este tipo de tarjetas o tarjetones los acostumbran a escribir los padres; los niños que han recibido la Primera Comunión, en algunos casos, añaden unas líneas, o firman al final.

(lugar y fecha)

Queridos ...:

Os agradecemos muchísimo este detalle que habéis tenido con nosotros con motivo del Bautizo de nuestro bebé.
Tenéis un gusto exquisito y sabéis acertar siempre.
Recibid un cordial saludo.

(firma)

Os agradecemos mucho vuestro obsequio para nuestro bebé, pero no debisteis molestaros, de veras.

Un abrazo.

Nos ha encantado vuestro regalo. Sois demasiado cumplidores, no teníais que haberlo hecho.

Muchísimas gracias y un fuerte abrazo.

(lugar y fecha)

Queridos ...:

Muchísimas gracias por vuestro precioso regalo para la Primera Comunión de ...
Ha estado muy contento; era un regalo que estaba esperando con mucha ilusión.
Un abrazo.

(firma)

... está encantada con vuestro precioso regalo. Ya sabes lo que le gusta jugar con muñecas, y ésta nos la había pedido ya por Reyes.
Ahora os escribe ella unas letras, que adjuntamos a nuestra tarjeta de agradecimiento.
Recibid un abrazo.

(firma) **115**

Regalos de santos o de cumpleaños

Podemos usar las mismas fórmulas dadas para todo tipo de regalos, cambiando «boda» por «santo», etc.

Lo mismo ocurre con los regalos de Navidad.

En los santos y cumpleaños, igual que en Navidad, se suelen recibir dos tipos de obsequios: los que provienen de familiares y amigos, y los obsequios de casas comerciales o relacionados con nuestro ámbito laboral.

Los obsequios que recibimos en el trabajo suelen ser consecuencia de algún favor hecho a alguien, o de la conducta de servicio desde el puesto que ocupamos. Pueden ser también producto del cargo que ostentamos, con el que muchos pretenden estar bien. Para agradecer este tipo de regalos sirven prácticamente las mismas fórmulas que en los otros ejemplos, especialmente si los obsequios proceden de familiares o amigos. Si están relacionados con el trabajo, podemos agradecerlos de la manera siguiente:

Muchísimas gracias por su atención.
Reciba un atento saludo.

(firma)

Agradezco muchísimo su magnífico obsequio, pero no debía de haberse molestado.

Cordialmente,

(firma)

Agradezco de veras su atención y el espléndido obsequio que me ha hecho llegar.

Reciba un afectuoso saludo.

(firma)

Mis más sinceras gracias por su delicado obsequio, que no debía haberse molestado en enviarme.
Cordialmente, le saluda,

(firma)

PETICIÓN DE FAVORES. ENCARGOS

Tal vez sean las cartas más difíciles y delicadas de escribir. Por una parte, intimidan y cohíben a quien las escribe y, por otra, resulta a menudo incómodo el recibirlas.

Cuando nos dirigimos a un familiar o amigo, no tendremos dificultad alguna en expresar lo que nos pasa y decir el favor que nos gustaría que nos concedieran. El problema surge al pedir favores a personas influyentes, por ejemplo.

Antes de pedir un favor debemos pensar en las molestias que ello puede ocasionar no sólo a la persona que va a recibir el encargo sino, tal vez, a terceros. Sin embargo, debemos tener claro también que es muy humano y conveniente pedir favores cuando verdaderamente se necesita. Otorgarlos es siempre motivo de satisfacción.

En este tipo de cartas evitaremos exponer nuestra petición en primera línea, pues la persona que la reciba podría sentirse asediada y recelar de nuestras palabras. Usaremos un lenguaje llano, pero convincente, seguro, que impulse a actuar sin sentirse forzado a ello.

Evitaremos también cualquier signo de servilismo, es decir, dar la imagen de estar mendigando un favor. El hecho de que necesitemos algo de alguien que está en una situación más privilegiada no significa que debemos menospreciarnos.

Si lo que vamos a pedir es dinero, debemos actuar con tacto, pues se trata de un asunto más delicado. Procuraremos dar siempre una garantía de su íntegra devolución.

Si el favor que solicitamos es para terceros, deberemos dar una descripción, la más completa posible, del amigo o familiar para el que nos atrevemos a pedir la ayuda.

Veamos algunos ejemplos de este tipo de cartas:

PETICIÓN DE UN FAVOR A UN AMIGO

(lugar y fecha)

Querido ...:

Como bien sabes, éste es mi último año en la Universidad.

Como tema de mi trabajo de final de carrera he escogido el mismo que tú leíste ante el Tribunal hace cinco años.

La verdad es que lo encuentro muy interesante y resume, de alguna manera, el cuadro de materias que he ido escogiendo a lo largo de los cinco años de carrera.

Agradecería, si te es posible, que me prestaras tu trabajo, tan sólo unos días, para hojearlo y, tal vez, sacar alguna idea nueva.

Espero que esto no te suponga demasiada molestia, y que aún conserves el trabajo en tu poder.

En espera de noticias tuyas, te mando un cordial saludo.

(firma)

Respuesta afirmativa

(lugar y fecha)

Querido ...:

Ayer recibí tu carta en la que me pides si te puedo dejar mi trabajo de final de carrera.

La verdad es que hasta ahora nadie más que tú se ha interesado por él.

Estaré muy complacido en poder echarte una mano. Cuando quieras, pásate por casa y lo recoges. De paso charlaremos un rato al respecto. Me gustará saber qué has investigado tú sobre este tema.

Un fuerte abrazo, y hasta pronto.

118

(firma)

Respuesta negativa

(lugar y fecha)

Querido ...:

Ayer recibí tu carta en la que me pides mi trabajo de final de carrera. Siento tener que decirte que, en estos momentos, no obra en mi poder.

Al terminar mis estudios lo publiqué en la editorial de la Facultad y no me devolvieron el original.

Lo siento, tal vez lo puedas encontrar en la biblioteca de la Universidad.

Que tengas suerte; un abrazo.

(firma)

PETICIÓN A UN AMIGO INFLUYENTE

(lugar y fecha)

Querido Sr. ...:

Siento mucho tenerle que molestar para pedirle un favor, pero es muy importante para mí, y usted es la única persona a la que puedo recurrir.

Como usted bien sabe, actualmente, en su empresa, se han convocado dos puestos de trabajo en el área comercial.

Creo que estoy ampliamente capacitado para ocupar un cargo de este tipo, y ello representaría un importante paso en mi carrera profesional.

Quisiera que usted, como buen amigo que lo tengo, le hablara de mí al gerente de la empresa para que me concediera una entrevista.

Espero que no le ocasione muchas molestias hacerme esta gestión, que le agradezco de veras por lo mucho que puede representar en mi porvenir profesional.

Reciba mi más cordial saludo.

(firma) **119**

Respuesta afirmativa

(lugar y fecha)

Querido ...:

Con mucho gusto hablaré con el gerente de la empresa sobre tu caso. No hace falta que me convenzas sobre tus capacidades. He trabajado contigo muchos años y sé lo mucho que vales.

Espero que mi gestión te pueda ayudar y que consigas lo que te has propuesto.

Recibe un cordial saludo.

(firma)

Respuesta negativa

(lugar y fecha)

Querido ...:

Lamento muchísimo no poder ponerte en contacto con el gerente de la empresa.

Ciertamente, es un buen amigo mío, pero tengo como norma no mezclar la amistad con los asuntos profesionales.

No creas que no quiero complacerte, conozco tu interés y tu valía, pero un favor de este tipo va en contra de mi manera de pensar.

Sin embargo, pídele una entrevista y dile que eres buen amigo mío. Yo se lo confirmaré, en caso de que me pidiera referencias tuyas.

Siento no poder hacer más por ti; te deseo mucha suerte.

Recibe un abrazo.

(firma)

PETICIÓN DE UN AVAL A UN AMIGO

(lugar y fecha)

Mi querido ...:

Siento tenerte que escribir para pedirte un favor; no es mi costumbre, pero en estos momentos me encuentro en un serio apuro.

El año pasado decidí establecerme como autónomo dentro del ramo de las manufacturas de algodón, terreno que creía conocer bien en todos sus aspectos.

Pero, no todo ha ido tan bien como esperaba. En la actualidad, mi economía está por los suelos; tengo una gran cantidad de facturas impagadas; las gestiones con la mayoría de mis clientes para que me las hicieran efectivas no han dado resultado. Es éste un momento malo y todos me solicitan el aplazamiento de los pagos.

Lo peor del caso es que yo también debo hacerlo. He de abonar medio millón de pesetas el mes que viene en concepto de una compra que hice el año pasado.

Como no tengo efectivo, he pedido un crédito bancario por valor de un millón. Me piden un aval. ¿Podrías actuar tú como tal?

Te prometo liquidar el crédito tan pronto como me sea posible.

Espero tus noticias pronto. Recibe un fuerte abrazo.

(firma)

Respuesta afirmativa

(lugar y fecha)

Querido ...:

Ayer recibí tu carta en la que me pides que te avale en un crédito bancario. Con mucho gusto lo haré. La verdad es que siento mucho que te encuentres en esta situación económica, de la que espero te repongas pronto. Me alegra que hayas recurrido a mí. Los amigos de verdad no sólo estamos para los momentos alegres.

Llámame y fijaremos el día para ir al banco a firmar.

Hasta entonces, recibe un fuerte abrazo.

(firma)

Respuesta negativa

(lugar y fecha)

Mi querido ...:

Ayer recibí tu carta en la que me pides que actúe como aval en un crédito bancario que has tenido que pedir para solucionar tu delicada situación económica.

121

Siento tener que negarte mi ayuda. Para mí, estos momentos no son tampoco muy alegres. No me veo capaz de adquirir nuevas responsabilidades económicas.

Cree, de veras, que lo siento mucho, y te ruego me disculpes.

Un abrazo,

(firma)

PETICIÓN DE UN FAVOR A UN AMIGO
PARA QUE NOS PRESENTE UNOS DOCUMENTOS

(lugar y fecha)

Querido:

La última vez que nos vimos ya te hablé de mis deseos de presentarme a las oposiciones de … Finalmente, se han convocado y ya tengo toda la documentación lista.

Quería enviarla por correo certificado, pero tengo miedo de que no llegue puntualmente a su destino.

Si no es mucha molestia para ti, preferiría que me la presentaras tú y, de esta manera, obtener de inmediato el resguardo de entrada.

Te lo agradezco de veras, y en espera de tus noticias te mando un abrazo.

(firma)

CARTA PIDIENDO QUE NOS INFORMEN SOBRE LOS PRECIOS
DE UNOS APARTAMENTOS PARA PASAR EL VERANO

(lugar y fecha)

Mi querido …:

Hace tiempo que no coincidimos en el bar. Espero que tú y tu familia sigáis bien.

El motivo de mi carta es el siguiente: a mi familia le gustaría veranear en la Costa Brava. Como sé que vosotros os desplazáis cada fin de semana a vuestra torre, te agradecería me miraras algo por allí cerca.

Quisiera saber precios y condiciones para el mes de julio.

Espero no ocasionarte muchas molestias con mi petición.

Recibe un fuerte abrazo.

(firma)

ENCARGAR LA COMPRA DE UN REGALO DE BODA A UN AMIGO

(lugar y fecha)

Mi buen amigo ...:

Sé que tú también estás invitado a la boda de ... Será un acontecimiento único, pues parece que nos reuniremos todos los compañeros de la promoción.

Te escribo ahora para pedirte un pequeño favor.

Creo que tienen la lista de boda en una tienda de tu ciudad, a la que, si bien supongo, deberás acudir tú también. Te agradecería mucho que te encargaras, si no te molesta, de comprarles un regalo en mi nombre, que oscile entre las ... y las ... pesetas.

El día de la boda, me comunicas el importe exacto y te lo pagaré inmediatamente.

Muchas gracias por todo. Recibe un cordial saludo de

(firma)

PETICIÓN A UN SACERDOTE AMIGO PARA QUE CELEBRE NUESTRA BODA

(lugar y fecha)

Reverendo D. ...:
Querido Padre:

Tal vez le hayan contado nuestros padres nuestro deseo de unirnos en matrimonio, precisamente dentro de un par de meses.

123

Para nosotros, representa un momento muy importante, en el que quisiéramos vernos rodeados de todos aquellos a los que queremos y admiramos.

Usted no puede faltar; además de invitado predilecto, quisiéramos que celebrara la ceremonia religiosa y que bendijera nuestro enlace.

Le agradeceremos nos diga si tiene alguna especial preferencia por alguna fecha concreta de la segunda mitad del mes de mayo.

Esperando sus noticias, le mandamos un afectuoso saludo.

(firma)

RELACIONES, NOVIAZGO Y BODA

CARTA MODELO PARA UN JOVEN QUE HA CONOCIDO A UNA CHICA QUE LE AGRADA

(lugar y fecha)

Querida ...:

Tal vez te extrañe recibir esta carta ahora que me encuentro tan lejos, cumpliendo el servicio militar, pero quizás ha sido la distancia la que me ha hecho ver lo mucho que echo de menos aquellas tardes en aquel café charlando contigo animadamente, olvidándonos de todo...

Han sido tan pocas las veces que me he sentido tan a gusto con una chica ... La verdad es que siempre tengo algo que decirte y comentarte, y tú pareces comprenderlo todo y estar interesada por todo lo que te cuento.

Me gustaría mucho que nos escribiéramos, aunque sea unas pocas líneas. No quisiera perder el contacto con una persona tan maravillosa como tú.

Te mando un cariñoso saludo.

(firma)

Respuesta positiva

(lugar y fecha)

Mi querido ...:

No sabes con qué ilusión leí tu carta. Yo también sentí que te fueras a cumplir el servicio militar.

Al igual que tú, me siento muy cómoda cuando estoy contigo y charlamos. Contigo no me veo obligada a fingir y a hablar de tonterías como me pasa con la mayoría de chicos que normalmente trato.

Acepto feliz la idea de cartearnos.

Hasta pronto, recibe un cariñoso saludo.

(firma)

Respuesta negativa

(lugar y fecha)

Querido ...:

Agradezco mucho tu carta y todas las cosas agradables que en ella me dices, pero creo que no podré complacerte en tu deseo de que nos carteemos.

Desde hace unos días, he iniciado una relación con un chico que conozco del lugar donde acostumbro a pasar el verano.

Creo que a él no le gustaría en absoluto que me escribiera con otro chico, aunque sólo fuera como buenos amigos. Tal vez lo vería distinto si se tratase de una amistad de años, pero tal como han ido las cosas, creo que es mejor no empezar.

Quisiera, sin embargo, que me consideraras una buena amiga, y me gustaría mucho que te incorporaras a nuestro grupo de amigos cuando regreses.

Recibe un cordial y amistoso saludo.

(firma) **125**

CARTA MODELO PARA INICIAR UNA RELACIÓN MÁS SERIA

(lugar y fecha)

Mi querida …:

Cada día estoy más impaciente por recibir tus cartas. No me arrepiento en absoluto de haberte convencido para que iniciáramos una relación por carta.

A través de la correspondencia de estas últimas semanas me he dado cuenta de lo interesante y atractiva que eres como persona.

Creo que me estoy enamorando de ti. Tal vez te asuste leer estas palabras, pero …, no quiero rectificarlas, sería como avergonzarme de algo tan hermoso como es el amor.

Quisiera tener la certeza de que tú sientes algo parecido por mí. Escríbeme, querida …, y dime si puedo sentirme desde hoy el hombre más feliz del mundo.

Si no fuera así, contéstame también; sé sincera.

Recibe un fuerte abrazo de

(firma)

Respuesta positiva

(lugar y fecha)

Mi querido …:

No te puedes ni imaginar lo contento que se ha puesto mi corazón al leer tu carta. Hace ya algunos días que esperaba que me dijeras estas cosas. ¿Por qué seremos tan tontas las mujeres y esperamos siempre que sean los hombres quienes formulen estas palabras?

Yo también me he ido enamorando de ti y, muchas veces, temía no ser para ti más que una buena amiga.

Estoy muy feliz. Gracias, gracias una vez más por tus palabras, tan sinceras, tan bellas.

Tengo ganas de verte, de hablarte, de sentirte cerca…

Recibe, mientras tanto, un cariñoso abrazo de

(firma)

Respuesta negativa

(lugar y fecha)

Mi querido ...:

Siento que confundieras mi amistad con algo más. La verdad es que tu carta me ha sorprendido un poco. Jamás hubiera llegado a pensar que el aprecio que sentíamos el uno por el otro se convertiría, de repente, en amor.

Siempre has sido, y serás, un maravilloso amigo; mas mis sentimientos no van más allá. No sabes cuánto lo siento y me duele decírtelo.

Temo que estas últimas cartas perjudiquen nuestra amistad, sentimiento hermoso y desinteresado que me gustaría compartir siempre contigo.

No quiero entristecerte; lo que yo siento por ti puede ser tan maravilloso como el amor, pero es distinto.

Recibe un abrazo de

(firma)

RUPTURA DE NOVIAZGO

(lugar y fecha)

Querida ...:

La verdad es que ni yo mismo sé cómo debo empezar esta carta, mi querida ... No sabes lo triste y confundido que me siento en estos momentos.

Hace ya varias semanas que en mi cabeza va dando vueltas la misma idea: nuestra relación y los problemas por los que está atravesando.

Creo, sinceramente, que los dos hemos cambiado, y mucho. Ya no somos los mismos que éramos el día en que nos prometimos amor eterno.

En todo este tiempo no hemos aprendido a vivir el uno para el otro.

Tal vez tú hayas pensado lo mismo, o tal vez en estos momentos te duelan mis palabras; por nada del mundo quisiera hacerte daño a ti, que tan buenos momentos me has dado.

127

Quizá mi actitud interior cambie con el tiempo, pero ya hace mucho tiempo que me siento totalmente indiferente hacia ti, y me invade una total apatía que no puedo ya ocultarte más.

Perdóname, mi querida ..., si te hago daño con mis palabras, pero creo que la separación es lo mejor para los dos.

Te abraza eternamente,

(firma)

Respuesta lamentándolo

(lugar y fecha)

Mi querido ...:

Tu carta heló la sangre de mis venas. Ciertamente, desde hace ya algún tiempo nuestra relación ya no es lo que era.

Los dos hemos cambiado mucho. Pero siempre creí que se trataba de una crisis pasajera, que con el tiempo se nos curaría todo y que recuperaríamos nuestros momentos más felices.

Ahora me doy cuenta de lo seria que ha sido esta crisis y de lo mucho que he perdido.

No te preocupes por mí; sabré superarlo. Pero no esperes que ahora mi vida sea como siempre, pues he perdido aquello que más quería.

Recibe un cordial y fuerte abrazo.

(firma)

Respuesta estando de acuerdo

(lugar y fecha)

Mi querido ...:

Tu carta me sorprendió un poco, tal vez por lo directo que tratas un tema que yo ya hacía tiempo preveía.

Sí, es un hecho, nuestra relación no funcionaba bien. Parece que la llama que se encendió en nuestros corazones cuando nos prometimos eterno amor ahora se ha apagado.

128

Pero estoy contenta de haber compartido estos agradables momentos de felicidad y del recuerdo que nos quedará y, especialmente, de la amistad que ha nacido entre nosotros.

Adiós, mi querido ..., hasta siempre.
Un abrazo.

(firma)

PETICIÓN DE MATRIMONIO

(lugar y fecha)

Querida:

Hace ya tiempo que nos conocemos, y nuestra amistad ha ido haciéndose cada vez más profunda en los últimos meses. Creo que me sería muy difícil encontrar a otra persona que me comprendiera mejor que tú y con la que me sintiera tan bien.

Hace varias semanas que estoy dándole vueltas a la idea del matrimonio; la verdad es que me da miedo dar un paso tan importante, pero el amor que siento por ti es tan grande que no puede ahogar esa fuerza que me lanza al matrimonio.

No concibo la idea de vivir sin ti. Me faltaría la mitad de mi ser e iría errante, paseando mi vacío por el mundo.

Nunca hemos hablado de matrimonio. ¿Tienes deseos de casarte conmigo? Dime, por favor, que quieres ser mi esposa.

Escríbeme ahora, sin perder un minuto: estoy impaciente.

Un abrazo muy, muy fuerte. Te quiero.

(firma)

Respuesta afirmativa

(lugar y fecha)

Mi querido ...:

¡Claro que quiero casarme contigo! No sabes lo feliz que me has hecho con tu decisión. Nunca habíamos hablado del matrimonio, es cierto, pero yo sentía en mí que se iba acercando poco a poco, al tiempo que nuestro amor se hacía más grande.

129

Yo también tengo miedo, no creas, pero en la vida hay que correr riesgos, y el correrlos contigo me da tranquilidad, seguridad, quiero afrontar el futuro contigo.

No concibo la felicidad sin ti. Te quiero mucho ... Tengo muchas ganas de verte; hablando podremos decidir mejor la fecha, que yo también deseo sea muy cercana.

Con todo mi amor,

(firma)

Respuesta negativa

(lugar y fecha)

Querido ...:

Tu carta me ha dejado un poco triste y pensativa. Muy triste por ver lo poca cosa que soy. La pobreza de mi personalidad, y pensativa porque has hecho que me plantee en serio nuestra relación.

Soy más cobarde de lo que pensaba. No me veo capaz de afrontar la vida matrimonial. Para mí representa un compromiso muy serio. Perdóname, mi querido ... Sé lo dolorosas que son para ti mis palabras.

Perdóname otra vez, mi querido ... No sé qué me ocurre, quizás es que no te quiero con la misma intensidad que antes, no porque no lo merezcas, sino porque mis circunstancias actuales me van convirtiendo en un ser incapaz de darme a los demás. Y el matrimonio lo concibo como un darse, un darse que yo no estoy ahora en condiciones de afrontar.

Perdóname por haberte retenido tanto tiempo a mi lado, quisiera aún retenerte más, si fuera posible.

Créeme, me será difícil vivir sin ti; a mi manera, te quiero mucho. Pero yo no necesito más, estoy bien así.

Te ruego que me disculpes y procures, una vez más, comprenderme. Te quiero.

Un fuerte abrazo. Hasta siempre.

(firma)

PARA REANUDAR UN NOVIAZGO

(lugar y fecha)

Mi querida ...:

No sé cómo vivir sin ti. Te quiero. Te quiero mucho. No, no estoy loco; lo estaba cuando decidí romper contigo creyendo que había dejado de quererte; que deseaba vivir, tener otras experiencias, que vivir contigo me impediría hacerlo a mi manera... ¡Qué tonto fui!

Ahora me he dado cuenta de que no puedo vivir sin ti. Sin ti, mi vida carece de sentido.

Te necesito, te quiero a mi lado otra vez. Pero tú, mi amor, ¿me quieres todavía? ¿Podrás volver a confiar en mí? Sé que no me merezco ni tan sólo tu respuesta, pero quiero intentarlo de nuevo, por favor, contéstame pronto. Me aterra la idea de que ya me hayas olvidado, de que, tal vez, otra persona haya llenado el vacío que yo dejé.

Por favor, acéptame otra vez entre tus brazos. No sé qué hacer sin ti. No me dejes.

(firma)

Respuesta positiva

(lugar y fecha)

Mi querido ...:

Después de tu decisión no he hecho nada positivo. ¡He llorado tanto durante estos meses!

¿Olvidarte? Imposible. Aún no me había hecho a la idea de que no quisieras saber nada de mí, de que nada de lo vivido tuviera ya sentido y se hiciera realidad.

Estoy muy contenta, no te puedes imaginar cuánto. Ahora ya no volveremos a separarnos jamás, esta prueba ha sido demasiado dura para los dos.

Te quiero mucho, mucho, más que antes.

Ven pronto; espero tu llegada con mis brazos muy abiertos.

(firma) **131**

Respuesta negativa

(lugar y fecha)

Querido …:

Tu carta me ha entristecido mucho. ¡Y pensar lo feliz que me hubiera hecho hace unos meses…!

Me pediste que te olvidara, y yo lo intenté. Te mentiría si te dijera que lo he conseguido. No, todavía queda algo en mí. Pero no puedo volver, he perdido la confianza, la seguridad en ti. Me da miedo volver a empezar y perderte sin saber bien el porqué.

Estoy decepcionada, cansada. No podría darte lo que esperas de mí. Lo siento mucho, de veras, pero no puedo. Ya nada puede ser como antes, y eso es algo que sabemos bien tú y yo.

Hasta siempre. Guardaré un bonito recuerdo de nuestra relación.

(firma)

COMUNICACIÓN A LOS PADRES DEL INICIO DE UNA RELACIÓN AMOROSA

(lugar y fecha)

Queridos padres:

Hace días que quiero haceros participar de mi alegría, pero hasta ahora no he encontrado el tiempo ni las palabras.

Desde hace ya algunas semanas estoy saliendo con una chica de la Facultad. Es encantadora. Al menos a mí me lo parece. Es una de las primeras de la promoción y la conozco desde el curso pasado. Ella me dio algunas clases de repaso en verano. Se llama … Para mí se trata de un ser muy especial, de la persona más completa, más sencilla, si cabe, y con la que mejor me siento.

Con ella puedo hablar de todos los temas, ir al cine, bailar, estudiar… en fin, mis queridos padres, esta chica me ha robado el corazón.

Me gustará que la conozcáis pronto y que participéis de nuestra felicidad. Espero ansioso noticias vuestras y vuestro parecer.

Os abraza y os quiere,

132

(firma)

Respuesta

(lugar y fecha)

Querido hijo:

Nos alegró mucho recibir noticias tuyas. Ya nos tenías preocupados. Hacía casi un mes que no sabíamos de ti. Ahora ya sabemos el motivo, y nos alegramos al sentirte tan feliz. Deseamos en el alma que todo cuanto dices sea cierto, que no te hayas dejado deslumbrar por el amor y que éste no te permita ver las cosas claramente.

Tú siempre has sido un muchacho juicioso y responsable, y estamos seguros de que cuando has dado este paso es porque te lo has pensado a fondo.

¡Claro que nos gustaría conocerla! Sería estupendo que la trajeras algún fin de semana, si esto no resulta violento para ella. Lo dejamos a vuestro juicio, ya sabes lo mucho que te queremos y respetamos tus decisiones.

Recibe un cariñoso abrazo de tus padres.

UN HIJO DEMASIADO JOVEN HA INICIADO UNAS RELACIONES AMOROSAS; SUS PADRES LO HAN SABIDO Y LE ESCRIBEN PREOCUPADOS

(lugar y fecha)

Querido hijo:

Hace tiempo que no sabemos nada de ti ni de la marcha de tus estudios. ¿Por qué tardas tanto en escribirnos?

Nos preocupa que estés tan lejos y que, tal vez, no encuentres las personas adecuadas a las que poder consultar tus problemas.

Unos vecinos nos han dicho que tienes novia. O que al menos así tú se la presentaste. Parece que es guapísima, pero unos cuantos años mayor que tú.

La verdad es que estamos un poco preocupados. No dudamos de tu buen gusto y acierto en escoger, pero creemos que debes pensar primero en la carrera, en estudiar y en convertirte en un verdadero hombre antes de comprometerte en serio con una chica.

133

Tal vez la chica es maravillosa y estaremos orgullosos de tenerla como nuera, pero para darnos un poco de tranquilidad, escríbenos y cuéntanos cómo es, cómo van las cosas entre vosotros. Nos asusta un poco que ésta no sea de las que ayudan a sus novios a estudiar y a salir adelante, sino que se canse en seguida de ti, que no tenga paciencia en esperar a que tú termines los estudios y te conviertas en un hombre de bien.

Escríbenos pronto.

ADVERTENCIA DE UNOS AMIGOS DE LOS PADRES SOBRE LA MALA CONDUCTA DEL NOVIO DE SU HIJA

(lugar y fecha)

Queridos ...:

Nunca nos ha gustado entrometernos en las cuestiones de los demás, y menos cuando se trata de cuestiones tan delicadas como la conducta de terceros.

Pero como buenos amigos que, creo, nos tenemos, no podemos dejar de advertiros acerca de ..., el novio de vuestra hija.

Estando nosotros de veraneo en Madrid, conocimos casualmente a un miembro de su familia.

Parece que por motivos económicos, de fraudes y demás, su familia entera tuvo que emigrar, pues los buscaba la justicia.

Entre los más perjudicados, se contaba su padre. Y parece que vuestro futuro yerno, también tenía algunas deudas impagadas.

Sería conveniente que os informarais por otras fuentes. Tal vez no sea verdad todo lo que nos han contado, o que ellos hayan cambiado de un tiempo a esta parte. De todas formas, hemos creído nuestra obligación comentároslo no sólo por el afecto que nos une, sino porque vuestra hija se merece encontrar un hombre que la pueda hacer feliz y esté a su altura.

Perdonad, una vez más, nuestra intromisión y recibid un fuerte abrazo.

134

(firma)

PETICIÓN DE INFORMES SOBRE UN MUCHACHO, O UNA JOVEN, QUE HA INICIADO RELACIONES CON NUESTRA HIJA O HIJO, AL PARROCO DEL PUEBLO

(lugar y fecha)

Rvdo. Sr. Párroco:

Perdone la molestia que le podamos ocasionar con nuestra consulta, pero no conocemos a nadie del pueblo que nos pueda dar referencias del joven que sale con nuestra hija.

Hace ya varios años que él y su familia vienen a veranear a nuestro pueblo. Suponemos que le será fácil averiguar sobre el particular, de no conocerlo ahora personalmente.

Se trata de ..., hijo de ..., que vive en la calle ... Mi hija lo ha conocido lejos de aquí, en la Universidad de Madrid.

Rogamos nos disculpe por la molestia que le ocasionamos, pero el porvenir de nuestros hijos es lo que más nos importa en el mundo.

Con gracias anticipadas, le saludamos muy atentamente,

(firma con nombre y apellidos)

TEMAS DE RELACIÓN FAMILIAR

CARTA A UN HIJO QUE QUIERE DEJAR LOS ESTUDIOS

(lugar y fecha)

Querido ...:

Acabamos de recibir la carta de tu tutor en la que nos da la triste noticia de que quieres dejar de estudiar.

Nunca hubiéramos imaginado que después de los enormes esfuerzos que hemos hecho todos para que pudieras tener unos estudios, quieras ahora dejarlos, de repente, sin más razón que el haberte cansado de estudiar.

Creemos que haces mal; hoy día es muy necesario tener un título. No te pedimos que hagas una carrera, cosa que nos agradaría, pero sí que termines tu bachillerato, del que sólo te faltan dos cursos.

135

Estamos seguros que dentro de un tiempo, tal vez breve, desearás obtener un título superior y te arrepentirás de no haber finalizado completamente ahora tus estudios.

Nunca nos ha gustado forzarte, pero se trata de un bien para ti que nos agradecerás. Debes terminar, hijo, termina tus estudios en el Instituto, luego ponte a trabajar en lo que quieras mientras vas madurando tu decisión de ingresar o no en la Universidad.

Te pedimos sólo estos dos años que te quedan y el aprobado final. Por la experiencia que tenemos de la vida, creemos que estamos obligados a pedírtelo.

Un fuerte abrazo de tus padres que mucho te quieren.

CARTA A UN HIJO QUE QUIERE CAMBIAR DE TRABAJO

(lugar y fecha)

Querido hijo:

Siempre habíamos pensado que te encontrabas a gusto en el trabajo que tenías. La verdad es que tu carta nos ha sorprendido.

Creemos que es bueno mejorar, pero asegúrate antes de dar el paso. Aquí siempre te han tenido una consideración especial; además te pagaban relativamente bien. Nos dolería que más tarde te arrepintieras de haberlo dejado sin habértelo pensado lo suficiente.

Pero confiamos en tu decisión, si tú lo ves claro, arriésgate. Eres joven, no tienes una familia que dependa de tu sueldo, te puedes permitir aún algún que otro error.

Analiza bien las ventajas y las desventajas, si las hubiera, que tu decisión puede proporcionarte.

Un abrazo de tus padres que quieren lo mejor para ti.

UN HIJO QUE PIDE PERMISO A SUS PADRES
PARA IR DE VIAJE DE ESTUDIOS AL EXTRANJERO

(lugar y fecha)

Mis queridos padres:

Como bien sabéis, en mi colegio los que terminan el bachillerato organizan un viaje de fin de estudios.

Este año se ha hablado de ir a ... y se ha pedido a tres profesores que nos acompañen.

A mí me hace mucha ilusión, pues nunca he estado fuera del país y será un buen momento para disfrutar de la compañía de mis compañeros.

El precio del viaje es de ... pesetas, sin contar las comidas, claro. En este precio se incluyen el hotel y los desplazamientos. pero en comida gastaremos poco, pues pensamos comer de bocadillo o plato combinado. Hemos calculado que con ... pesetas más tendremos bastante.

Espero, mis queridos padres, que me dejaréis ir; no he sido mal estudiante. Me gustaría mucho que me dijerais que sí.

Contestadme pronto. Estoy ansioso por recibir noticias vuestras y por apuntarme al viaje.

Un fuerte abrazo.

(firma)

AL DIRECTOR DE LA ESCUELA, PREGUNTANDO POR EL COMPORTAMIENTO DEL HIJO

(lugar y fecha)

Sr. Director de ......

....

....

Distinguido señor (o Sr. Director):

Perdone las molestias que con mi consulta le pueda ocasionar, pero al serme prácticamente imposible trasladarme a la sede del colegio para las reuniones de padres, no llevo un seguimiento muy exhaustivo de la evolución de mi hijo.

No saca notas, pero he observado en él algunas irregularidades que me gustaría comentarle.

Gracias anticipadas por su respuesta, que no dudo dará a mi carta, y reciba un cordial saludo.

(firma) **137**

CARTA DE UN HIJO A SU MADRE QUE SE ENCUENTRA ENFERMA

(lugar y fecha)

Mi querida mamá:

Tengo noticias de que tu estado de salud no es muy bueno y que los médicos te han recomendado reposo absoluto.

¿Qué te ha ocurrido? ¿Por qué no nos lo has comunicado?

A veces me preocupa pensar que no quieres molestarnos o entorpecer nuestras actividades y prefieras pasar estos malos ratos sola.

Escríbeme ahora mismo y cuéntame cómo estás, cómo te sientes. Si debes guardar cama, iría rápidamente a cuidarte.

Espero con ansia tu carta, mamá, escríbeme pronto.

Un beso de tu hijo que te quiere

(firma)

CARTA A UN AMIGO DE LA FAMILIA QUE HA SUFRIDO UNA PEQUEÑA INTERVENCIÓN QUIRÚRGICA

(lugar y fecha)

Querido ...:

Por mi prima que trabaja en el hospital donde le operaron sé que todo fue muy bien. Ahora, en casa, sólo deberá hacer un poco de reposo.

Desearíamos que la recuperación fuera muy rápida y le permitieran pronto reanudar sus actividades normales, que tanto le agradan y motiva.

En cuanto nos sea posible iremos a verle. Si quiere pasar unos días con nosotros mientras dure la convalecencia, estaremos encantados con su compañía.

Esperamos sus noticias y le mandamos un cariñoso abrazo de toda la familia.

(firma)

RECOMENDACIONES

Las cartas de recomendación son siempre algo comprometidas. Si no conocemos muy a fondo a la persona interesada en la misma y no podemos dar una garantía absoluta de su capacidad y honestidad, mejor no escribirlas.

Sin embargo, a veces hay que redactarlas para alguien que necesita nuestro aval personal con objeto de conseguir alguna meta que se ha propuesto.

Por norma debemos ayudar a los demás, pero procurando no comprometernos demasiado elogiando a personas de las que no conocemos demasiado bien su manera de actuar; en estos casos nos limitaremos a describir lo que de ellas sabemos y rogaremos se la tenga en cuenta al decidir acerca de quién debe ocupar un puesto de trabajo, por ejemplo.

En algún caso puede ocurrir que alguien de nuestra entera confianza nos haya informado sobre el particular, en cuyo caso nos fiaremos de nuestro amigo, teniendo la seguridad de que si él lo cree de esta manera, será así sin duda.

Veamos algunos ejemplos de cartas de recomendación:

RECOMENDACIÓN A UN JOVEN PARA OBTENER UN PUESTO DE TRABAJO

(lugar y fecha)

Querido amigo:

Hace tiempo que no nos vemos ni vamos a cenar juntos. Ya se sabe, los negocios, el tiempo, la familia…

Espero que estéis todos bien.

Me he enterado de que en tu empresa, debido a la ampliación de la sección comercial, tenéis varios puestos de trabajo vacantes, para uno de los cuales deseo recomendarte a un joven amigo, compañero de estudios de mi hijo mayor.

Ha cursado sus estudios brillantemente y ahora lleva casi dos años trabajando en … como …, durante los cuales ha demostrado su capacidad y eficacia.

No parece estar muy satisfecho con el trabajo que actualmen-

139

te desempeña. Preocupado por su actual situación, leyó en el periódico la noticia de la ampliación de vuestra sección.

Rápidamente vino a verme, solicitándome una carta de recomendación, pues sabía la buena amistad y relación que nos une.

El muchacho se llama ... y ha enviado ya su solicitud al apartado de correos que aparecía en el anuncio.

Espero tengas un lugar para él, convencido de que no lamentarás tenerlo en tu empresa.

Recibe un cordial saludo para ti y tu familia.

(firma)

CARTA DE RECOMENDACIÓN PARA QUE UN CHICO SEA ADMITIDO EN UNA ESCUELA

(lugar y fecha)

Sr. Director de .....
....

Distinguido señor:

Desde que mis hijos acabaron los estudios en su prestigiosa escuela, no he tenido el gusto de saludarle personalmente. La verdad es que lo siento y le pido disculpas por ello.

Hoy quisiera pedirle un favor para el hijo de un buen amigo de la familia. Desearía enormemente que fuera admitido en su escuela, aunque comprendo lo difícil que puede resultar la gestión a estas alturas, habiendo empezado el curso académico hace ya dos meses.

Hasta ahora ha estudiado en ..., pero los padres no estaban muy satisfechos con la enseñanza que allí se impartía, considerando que sus métodos eran un poco anticuados.

A esta insatisfacción se ha sumado el hecho de que, por cuestión de reformas en el patio, han suprimido la Educación Física, asignatura en la que parece que el chico destaca.

Agradecería hiciera cuanto esté en su mano para admitirlo; el padre me ha dicho que ha pedido hora para una entrevista con usted. Se trata del señor ...

No dudo del interés con que tomará el asunto. Con el deseo de poder saludarle pronto personalmente, le envío mis más afectuosos saludos.

(firma)

CARTA PARA RECOMENDAR AL HIJO DE UN AMIGO QUE SE PRESENTA A UNAS PRUEBAS

(lugar y fecha)

Querido ...:

Siento abusar de tu amistad para pedirte siempre favores, me deberás disculpar. Para mí es difícil exponer mis problemas a alguien que no sea de confianza pero, como ya sabes, tú eres para mí como un hermano. Al menos yo así te considero.

Un muchacho, hijo de otro buen amigo mío y compañero de profesión, se presenta a las pruebas técnicas. El chico va bastante bien preparado, pero ya sabes que el número de plazas es muy limitado y, la verdad, está muy nervioso. De alguna manera, se lo juega todo en estos exámenes.

Su padre, conocedor de nuestra amistad, vino a verme el otro día y me rogó te escribiera para que le recomendaras al presidente, D. ..., que creo que es un buen amigo tuyo.

Por supuesto no te estoy pidiendo un aprobado si no se lo merece, pero sí una revisión y valoración más justa de su examen.

Como ya te he dicho, es un chico muy estudioso y brillante. Si no, no me hubiera atrevido a pedirte recomendación alguna.

Te doy las gracias por el favor y te mando un afectuoso saludo.

(firma)

CARTA PARA RECOMENDAR A UNA FAMILIA PARA QUE CUIDE UNA FINCA

(lugar y fecha)

Queridos señores ...:

A través de su hijo sé de las dificultades con que se encuentran para hallar una familia que cuide de su finca en ... Realmente,

141

quedan pocas personas, de entera confianza, que se ofrezcan para realizar trabajos de este tipo.

Sin embargo, creo haberles encontrado la solución: ayer, y de una forma muy casual, vino a vernos un joven matrimonio de Sevilla que nos habló, entre otras cosas, de sus deseos de abandonar aquella ciudad y venirse a vivir aquí, lugar que consideran mejor para que sus hijos puedan tener unos estudios más completos.

Me permití la osadía de hablarles de su finca y de la amistad que unía, desde ya hacía mucho tiempo, a su familia con la nuestra, y me rogaron que les escribiera para recomendarles sus servicios. En caso de interesarle, el marido vendría personalmente a la finca para hablar directamente con ustedes. El marido es un perfecto conocedor de las tareas del campo, y su esposa, una mujer muy limpia y ordenada, trabajadora y servicial. El hecho de encontrar vivienda y no tener que cambiar de tipo de trabajo les interesa mucho, pues les sería difícil acostumbrarse, por ejemplo, al trabajo de una fábrica, tan rutinario y deshumanizado.

Espero ser oportuno con mi carta y no parecer que me entrometo en asuntos que no me importan. Por encima de todo he intentado ayudarle, mi buen amigo.

Reciba un afectuoso saludo de

(firma)

PRESENTACIONES

Una carta de presentación sirve de apoyo a quien la solicita, cuando tiene que pedir favores o hacer gestiones con personas o entidades que le desconocen.

Este tipo de cartas es muy parecido al de las de recomendación, pero son un poco menos comprometidas ya que a través de ellas no se acostumbra a solicitar nada en concreto, sino únicamente que se atienda a una persona, conocido o amigo nuestro.

Podemos presentar a la persona como tal o en función de la entidad o labor que represente. Es decir, a alguien que pretende conseguir una ayuda para sí, o que representa los intereses de una asociación, fundación, etc., y solicita ser atendido en nombre de la misma. En este último caso podríamos incluir, por ejemplo, a quienes pretenden conseguir afiliados para una asociación determinada, vender libros, etc. Todos ellos llevan consigo una carta o documento de presentación, que avala su personalidad con respecto a la entidad que representan.

Muchas veces se escriben cartas o tarjetas de presentación para que sean usadas en momentos difíciles, sin una determinada e inmediata finalidad; un caso sería, por ejemplo, el del muchacho que sale de viaje y que lleva consigo una carta de un familiar o amigo dirigida a unas determinadas personas a las que puede recurrir en caso de encontrarse enfermo o en alguna situación extrema, pero a las que no acudirá, evidentemente, si durante la marcha del viaje no ocurre nada anormal.

Veamos algunos ejemplos:

CARTA DE PRESENTACIÓN PARA UNA CHICA DE PUEBLO QUE BUSCA TRABAJO EN LA CIUDAD

(lugar y fecha)

Querida ...:

Me es grato presentarte a la señorita ..., hermana de la novia de nuestro hijo ...

Esta señorita desea trasladar su residencia a ... y buscar ahí un trabajo de ...

Ella conoce la gran amistad que nos une y me ha rogado que te escribiera una carta de presentación.

Nosotros la consideramos una persona formal, trabajadora y juiciosa, con extrema disponibilidad para el trabajo que desea desempeñar. Estoy seguro de que será un placer para ti ayudarla.

Aprovecho la ocasión paa mandarte un cordial abrazo y mis más sinceras gracias.

(firma) **143**

CARTA DE PRESENTACIÓN PARA UN AMIGO
QUE NECESITA ENCONTRAR TRABAJO

(lugar y fecha)

Querido ...:

Me complace mucho presentarte a D. ..., de profesión ..., buen amigo de la familia desde hace ya muchos años.

Por motivos familiares, se encuentra obligado a partir a la capital en busca de trabajo.

Espero de ti que le puedas ayudar en esta difícil tarea; sé que lo harás gustoso, dada la amistad que nos une y los numerosos contactos que tienes en la ciudad.

Recibe mi más cordial saludo y agradecimiento.

(firma)

CARTA DE PRESENTACIÓN PARA UNA MUCHACHA
QUE QUIERE COLOCARSE DE *AU PAIR* EN ESPAÑA

(lugar y fecha)

Queridos ...:

Tengo mucho gusto en presentaros a ..., hija de unos buenos amigos nuestros que conocimos en Alemania hace ya tres veranos.

Esta muchacha desea seguir unos cursos de castellano en la Universidad de Salamanca.

Para poder costearse estos estudios y su estancia en España, le gustaría encontrar alguna familia con la que poder vivir y que, a cambio de algunos servicios domésticos o de cuidar a los niños durante algunas horas al día, pudiera recibir una contribución para pagarse las clases y sus pequeños gastos particulares.

No dudando que la atenderéis con sumo gusto y agradeciéndoos vuestra colaboración, os mandamos un afectuoso saludo.

144

(firma)

CARTA DE PRESENTACIÓN PARA UNOS AMIGOS
QUE VISITAN UNA CIUDAD EXTRANJERA

(lugar y fecha)

Queridos ...:

Tengo el gusto de presentaros a unos buenos amigos míos, los Sres. ..., que se encuentran de viaje de novios por ... Les hemos rogado os saluden de nuestra parte, y nos hemos tomado la libertad de indicarles que acudan a vosotros en cualquier dificultad en que puedan encontrarse durante su estancia en ...

En la seguridad de que os será grata su visita y agradeciéndoos las atenciones que seguro les dispensaréis, recibid un abrazo de

(firma)

CARTA DE PRESENTACIÓN A UN AMIGO QUE HA SIDO TRASLADADO A OTRA
CIUDAD PARA PONERLE EN CONTACTO CON OTRO AMIGO DE LA MISMA

(lugar y fecha)

Querido:

Me complace presentarte a ..., buen amigo, que ha sido trasladado recientemente a la sucursal de la empresa ... en tu ciudad.

Por ser la primera vez que visita ..., y no tener ahí conocidos, le he aconsejado que vaya a saludarte.

No dudo que lo atenderás con mucho gusto. Aprovecho la ocasión para mandarte un afectuoso saludo y agradecerte la gestión.

(firma)

CARTA DE PRESENTACIÓN PARA UN AMIGO NUESTRO DIRIGIDA
A OTRO AMIGO NUESTRO PARA QUE LE SOLUCIONE UN PROBLEMA

(lugar y fecha)

Querido ...:

Tengo mucho gusto en presentarte a ..., buen amigo mío y de la familia, que debe desplazarse a ... para hacer unas gestiones en ...

145

Te agradecería muchísimo que le ayudaras a solucionar las mismas, ya que él no tiene conocidos en ..., y menos dentro de este organismo.

Espero y deseo que lo atiendas como si de mí se tratase, y te agradezco todo lo que puedas hacer por él.

Recibe un cordial saludo de

(firma)

CARTA DE PRESENTACIÓN PARA UN JOVEN CAMARERO

(lugar y fecha)

Querido ...:

Me es grato presentarte a ..., muchacho amigo de la familia y al que conozco desde la niñez, que desea trasladarse a ... durante la época turística, por coincidir con la escasez de trabajo en el campo, y colocarse de camarero.

Te ruego le recibas con el mayor afecto y hagas por él cuanto esté en tu mano. Supongo que no te será difícil ayudarle por lo introducido que estás en el sector hotelero y teniendo, además, dos bares de tu propiedad.

Recibe mi agradecimiento y un afectuoso saludo.

(firma)

OFRECIMIENTO DE DOMICILIO PARTICULAR Y PROFESIONAL

Ofreceremos el domicilio al instalarnos por primera vez en casa propia, o al cambiar de localidad, a las nuevas amistades o compromisos nuevos adquiridos.

Podemos ofrecer tanto el domicilio particular como el profesional. En el último caso, es frecuente incluir alguna frase de ofrecimiento de servicios.

OFRECIMIENTO DE DOMICILIO PARTICULAR

Un nuevo matrimonio

Pedro Martínez Pujol
Rosa Cabré de Martínez

se complacen en ofrecerle su domicilio

Balmes, 33, ático 1.º;   tel. ...   08045 Barcelona

Observemos el siguiente caso, en el que la esposa usa únicamente sus apellidos de soltera:

Pedro Martínez Pujol
Rosa Cabré Rota

le ofrecen su domicilio

Balmes, 33, ático 1.º;   tel. ...   08045 Barcelona

OFRECIMIENTO DEL DOMICILIO PROFESIONAL

Ramón Roca Gutiérrez
Médico estomatólogo

se complace en ofrecerle su consultorio y se pone
a su disposición

Gerona, 45, pral. 1.º; tel. ...   08035 BARCELONA

Eduardo Millás Lloret
Abogado

se pone a su disposición y le ofrece su bufete

Avda. Diagonal, 489, pral. 1.º; tel. ...   08024 BARCELONA **147**

Miguel Rocaspana Pujol
Aparato respiratorio

le ofrece su consulta, a horas
convenidas, mañanas de 9 a
13 horas.

Balmes, 34, entlo. 1.°; tel. ...   08034 BARCELONA

CAMBIO DE DOMICILIO PARTICULAR Y PROFESIONAL

Si cambiamos de domicilio, tanto el particular como el profesional,
debemos comunicarlo a nuestras amistades y a los clientes, según
sea el caso.

En el momento de recibir la tarjeta, se anota el cambio en la libreta de direcciones y se evitan muchas confusiones y pérdida de
tiempo.

CAMBIO DE DOMICILIO PARTICULAR

Miguel Ángel Izquierdo Salcedo
Rosa M.ª Puertas de Izquierdo

se complacen en ofrecerle su nuevo domicilio

Vía Augusta, 45; tel. ...   08034 BARCELONA

CAMBIO DE DOMICILIO PROFESIONAL

José Alegre Pérez
Médico estomatólogo

ruega tome nota del nuevo domicilio de su consulta

Río Rosas, 45; tel. ...   08067 BARCELONA

Margarita Ríos Agullón
Enfermera titulada

se complace en ofrecerle su nuevo domicilio
profesional y le ruega tome debida nota

Avda. de Madrid, 70, 3.°; tel. ...   08045 Barcelona

CAMBIO DE TELÉFONO

A causa de los constantes reajustes de la Compañía Telefónica, es más frecuente el cambio de teléfono que el de domicilio.

A las personas de negocios y profesionales en general, puede ocasionarles distorsiones y perjuicios si no proceden rápidamente a comunicar el cambio a sus clientes.

Se aconseja, pues, que tan pronto tengamos conocimiento del nuevo número imprimamos las tarjetas y las enviemos a las amistades, si el cambio se ha producido en nuestro teléfono particular, y a nuestros clientes y proveedores si ha afectado al profesional.

CAMBIO DEL NÚMERO DE TELÉFONO EN UN DOMICILIO PARTICULAR

Antonio Puertas Jiménez
Margarita León Ríos

se complacen en ofrecerles su nuevo número de teléfono

Vía Augusta, 45, 1.°; tel. ...   08067 BARCELONA

CAMBIO DEL NÚMERO DE TELEFONO EN UN DOMICILIO PROFESIONAL

Maribel Díaz Aguado
Anestesista

ruega tome nota de su nuevo número de teléfono

Mallorca, 56, 1.°; tel. ...   08045 BARCELONA **149**

DEL PARTICULAR A LA EMPRESA

A LA AGENCIA DE VIAJES

CARTA MODELO PARA PEDIR PRESUPUESTO PARA UN VIAJE

(lugar y fecha)

Agencia de viajes ....
....

Desearíamos nos enviaran presupuesto para un viaje de una semana a ..., en barco, clase turista y en hoteles de tres estrellas, para dos personas. Necesitaríamos dos habitaciones individuales con baño o ducha.

En espera de sus noticias, les saludamos atentamente,

(firma)

CARTA MODELO PARA PEDIR INFORMACIÓN SOBRE VIAJES ORGANIZADOS

(lugar y fecha)

Agencia de viajes ....
....

Les agradeceríamos nos facilitaran información sobre los viajes organizados a ..., de una duración aproximada de ... días, y que tuvieran su salida durante el mes de julio.
Puede interesarnos tanto los que se realizan en autocar como en avión.

Agradecemos de antemano su atención y les saludamos atentamente.

150

(firma)

CARTA PARA HACER UNA RESERVA EN UN VUELO

(lugar y fecha)

Agencia de viajes ....

....

Agradecemos tomen nota de una reserva para dos personas en el vuelo Madrid-El Cairo, del día ..., de ..., en clase turística.

Nos han informdo que por la mañana existe un vuelo de la Compañía ..., con la que nos gustaría viajar, por las muchas atenciones que siempre dispensan a sus pasajeros.

Rogamos nos indiquen la forma más sencilla de pago de los pasajes.

En espera de sus prontas noticias, les saludamos atentamente,

(firma)

CARTA PARA RESERVAR BILLETES DE TREN

(lugar y fecha)

Agencia de viajes ....

....

Rogamos tomen nota de la reserva de tres plazas para el tren Talgo Barcelona-París, en primera clase, para el próximo mes de ..., día ...

De no tener ustedes inconveniente, recogeríamos y abonaríamos los billetes el mismo día de la salida, por la mañana, en sus oficinas centrales.

Atentamente,

(firma)

CARTA PARA PEDIR INFORMACIÓN SOBRE POSIBLES DESCUENTOS A GRUPOS NUMEROSOS

(lugar y fecha)

Agencia de viajes ....

....

151

Agradeceríamos nos enviasen información sobre los descuentos que nos pueden ofrecer a un grupo de ..., personas, en viaje a ..., en ..., durante ... días.

En espera de sus noticias, les saludamos cordialmente,

(firma)

CARTA PARA PEDIR INFORMACIÓN
SOBRE POSIBLES DESCUENTOS EN UN VIAJE EN AVIÓN
AL EXTRANJERO, PARA FAMILIAS NUMEROSAS

(lugar y fecha)

Agencia de viajes ....
....

Les rogamos nos informen sobre la posibilidad de conseguir reducción en las tarifas de avión, para viajes al extranjero, para poseedores del carnet de familia numerosa.

Agradecemos de antemano su atención y les enviamos un cordial saludo.

(firma)

CARTA PARA PEDIR INFORMACIÓN SOBRE UN *FORFAIT*

(lugar y fecha)

Agencia de viajes ....
....

Agradeceríamos que nos informaran sobre los viajes de su agencia, que incluyen viaje y estancia de ... días y ... noches en París.

A la espera de sus noticias, les saludamos atentamente,

(firma)

CARTA PIDIENDO RESERVA DE BILLETES, HABITACIÓN, Y UN COCHE DE ALQUILER SIN CHÓFER

(lugar y fecha)

Agencia de viajes ....

....

Desearía hicieran una reserva a mi nombre de diez billetes de avión para el vuelo Barcelona-Mallorca, para el próximo día ... de clase ..., clase turista, así como de cinco habitaciones dobles, con derecho a baño, en un hotel céntrico de la isla.

Una vez allí, nos gustaría alquilar un coche sin chófer para realizar excursiones por los alrededores. Les agradecería que se ocuparan también de ello, y que lo pudiéramos encontrar a nuestra disposición al día siguiente de nuestra llegada, en el hotel.

En espera de sus noticias, le saluda atentamente,

(firma)

CARTA PARA PEDIR PRESUPUESTO DE VIAJE, SEGÚN DISTINTOS MEDIOS DE TRANSPORTE

(lugar y fecha)

Agencia de viajes ....

....

Agradeceríamos nos enviaran presupuestos e itinerarios para realizar un viaje de una semana de duración, para ocho personas, por el País Vasco y Galicia, en hoteles de primera categoría y habitaciones dobles con baño.

Les rogamos nos envíen un presupuesto del viaje en tren y otro en avión.

Esperamos sus noticias y les saludamos atentamente,

(firma) **153**

CARTA PARA PEDIR INFORMACIÓN SOBRE LOS REQUISITOS EXIGIDOS PARA REALIZAR UN VIAJE A ÁFRICA

(lugar y fecha)

Agencia de viajes ....

....

Tenemos ya los billetes para realizar el viaje que organizan a África para el mes de ..., pero quisiéramos conocer todos los requisitos burocráticos que son necesarios cumplimentar, así como los certificados médicos y de vacunación que deben acompañarlos.

Suponíamos que nos habrían enviado esta información con los billetes, tal y como nos indicaron el día que formalizamos las reservas.

En espera de sus noticias, les enviamos un atento saludo,

(firma)

CARTA PARA PEDIR INFORMACIÓN SOBRE LA POSIBILIDAD DE VIAJAR ACOMPAÑADOS DE ANIMALES

(lugar y fecha)

Agencia de viajes ....

....

Tenemos reservadas tres plazas para el viaje que su agencia organiza al Perú, y desearíamos saber si podemos llevar con nosotros a nuestro ... (tipo de animal), pues no tenemos a nadie que pueda hacerse cargo de él durante nuestra ausencia.

En espera de sus noticias, les saludamos atentamente,

CARTA PIDIENDO INFORMACIÓN SOBRE CÓMO DEBEN TRASLADARSE LOS ANIMALES

(lugar y fecha)

Agencia de viajes ....

....

154 Agradeceríamos que nos informaran en qué condiciones debemos trasladar a nuestro ... (tipo de animal), que llevamos con nosotros en el viaje que ustedes organizan a América del Sur. Si realmente debe ir enjaulado, les rogamos nos indiquen qué requisitos debe reunir la jaula y a partir de qué peso. De no poder viajar con nosotros, sírvanse informarnos sobre el modo de facturarlo.

Reciban un atento saludo.

(firma)

CARTA PIDIENDO INFORMACIÓN
SOBRE LA POSIBILIDAD DE EMBARCAR EL COCHE

(lugar y fecha)

Agencia de viajes ....
....

Tenemos reservado billetes para el viaje que su agencia organiza la primera semana de ..., a ..., y queríamos informarnos sobre la posibilidad de embarcar el coche con nosotros.

Les rogamos nos informen de todos los requisitos a tener en cuenta y a cumplimentar, así como de la tarifa correspondiente para un coche ... (tipo de coche).

Agradecidos por su atención, les saludamos atentamente,

(firma)

CARTA MODELO PARA CANCELAR UN VIAJE

(lugar y fecha)

Agencia de viajes ....
....

Sentimos mucho comunicarles la imposibilidad de realizar con ustedes el viaje programado a ..., por motivos familiares.

Rogamos se sirvan anular reservas y nos disculpen. Como es de esperar, pagaremos los derechos de reserva.

155

LA CORRESPONDENCIA PRIVADA

Agradeciendo sus atenciones, y esperando poder viajar con ustedes en otra ocasión, les saludamos atentamente.

(firma)

CARTA PARA CANCELAR UNA RESERVA DE APARTAMENTO

(lugar y fecha)

Agencia de viajes ....
....

Les rogamos anulen nuestra reserva de un apartamento en ..., que teníamos hecha para el mes de ...

Un motivo, ciertamente imprevisto, nos impide desplazarnos fuera de la ciudad para pasar las vacaciones.

Agradecidos, les saludan atentamente,

(firma)

AGRADECIMIENTO POR LA PERFECTA ORGANIZACIÓN DE UN VIAJE

(lugar y fecha)

Agencia de viajes ....
....

Acabamos de llegar de nuestro viaje a ..., organizado por su agencia.

Permítanos felicitarles por el éxito del mismo, la perfecta coordinación y lo acertado de los itinerarios escogidos, así como por la amabilidad y la buena preparación de los guías que nos acompañaban.

Tendremos mucho gusto, en un futuro que esperamos sea próximo, volver a confiar en ustedes para que organicen nuestras salidas de vacaciones.

Reciban nuestro más cordial saludo y felicitación.

156

(firma)

AGRADECIMIENTO A UNA COMPAÑÍA AÉREA
POR LAS ATENCIONES DEDICADAS A UN NIÑO QUE VIAJABA SOLO

(lugar y fecha)

Compañía aérea ....
....

Estamos muy agradecidos por los cuidados y atenciones que han dispensado a nuestro hijo menor durante el vuelo que realizó solo de ... a ..., en un avión de su Compañía.

Su amabilidad y consideración son ya conocidas, pero nos alegra haberlo podido comprobar personalmente.

Muchísimas gracias y nuestra más sincera felicitación por el buen servicio que ofrece su Compañía.

Atentamente,

(firma)

RECLAMACIONES

CARTA RECLAMANDO LA PERDIDA DEL EQUIPAJE

(lugar y fecha)

Agencia de viajes ....
....

Tras nuestro feliz viaje de novios organizado por su Agencia, sentimos lamentar la mala organización al llegar al aeropuerto.

No pudimos encontrar nuestras maletas, aunque hicimos las correspondientes reclamaciones a la Compañía aérea, que nos proporcionó, a tal efecto, el PIR n.º ...

Se lo adjuntamos para que hagan las gestiones pertinentes a fin de que podamos recuperar el equipaje lo antes posible.

En espera de sus noticias, les saludamos atentamente,

(firma) **157**

CARTA RECLAMANDO UN EQUIPAJE QUE FUE ROBADO

(lugar y fecha)

Agencia de viajes ....

....

Acabamos de llegar del magnífico viaje que realizamos a través de su Agencia a ... Debemos lamentar, sin embargo, la poca atención prestada a los equipajes de los componentes del grupo.

Casi nunca pudimos disponer de ellos a la llegada a los hoteles, hasta un par de horas después y, para acabar de rematar el asunto, tres maletas —una de las cuales era nuestra— fueron robadas del coche que las transportaba.

No podemos contener nuestra indignación y, si se diera el caso de que no se encontraran, exigiremos una indemnización por el valor de las prendas de abrigo que hemos tenido que reemplazar y por los objetos de regalo que habíamos adquirido durante el viaje.

Rogamos lleven a cabo, de inmediato, cuantas gestiones estimen oportunas, y nos satisfagan por los daños que su negligencia nos ha causado.

Atentamente,

(firma)

RECLAMACIÓN POR EL MAL SERVICIO RECIBIDO EN LOS HOTELES

(lugar y fecha)

Agencia de viajes ....

....

Lamentamos tener que escribirles esta carta, después de lo bien que ustedes se han portado con nosotros, cambiándonos nuestras reservas cerradas para un día, a otro. Creemos, sin embargo, que es nuestra obligación exponerles nuestras impresiones sobre la organización del viaje.

Excepto en algunas poblaciones, la categoría de los hoteles donde nos alojamos no correspondía a la que ustedes previamente nos habían indicado y, ni mucho menos, al precio que por ellos habíamos pagado.

Pensamos que, tal vez, la causa haya sido el escaso conocimiento por su parte de los establecimientos en que se reservaron las plazas, pero, aunque así fuera, es un error imperdonable para una agencia de su prestigio.

Esperamos tengan en cuenta nuestra queja, que seguramente no habrá sido la única que ustedes hayan recibido respecto al citado viaje, y pongan remedio a situaciones similares que se les puedan presentar en el futuro.

Reciban nuestro saludo.

(firma)

RECLAMACIÓN A UNA COMPAÑÍA AEREA
PROTESTANDO SOBRE EL RETRASO DE UN VUELO

(lugar y fecha)

Compañía aérea ....
....

El pasado día ..., a las ... horas, realicé un vuelo de ... a ..., donde debía personarme para un asunto familiar importante.

Reservé billete para el vuelo que salía a las ... horas, lo que me permitía llegar a la ciudad de destino con tiempo suficiente. Pero a la hora de la verdad, eso no fue así, pues el avión despegó con más de una hora de retraso, sin dar explicación alguna a los pasajeros.

El vuelo fue también excepcionalmente lento, de manera que llegué a la citada ciudad con más de dos horas de retraso, con el considerable perjuicio que ello representó.

Deseo expresarles mi más firme protesta sobre el hecho, especialmente por la falta de atención hacia los pasajeros que, como ya les he indicado, no recibimos, en ningún momento la más breve excusa o explicación.

Atentamente,

(firma) **159**

A LOS HOTELES

CARTA PARA HACER UNA RESERVA DE HABITACIÓN

(lugar y fecha)

Hotel ....
....

Rogamos tomen nota de nuestra reserva de una habitación doble, con baño, para los días ..., del mes de ...

Seguramente viajaremos en coche, por lo que les agradecemos que no anulen la reserva aunque lleguemos a altas horas de la noche.

Esperando su confirmación, les saludamos atentamente,

(firma)

CARTA ROGANDO QUE NOS ENVÍEN UN OBJETO OLVIDADO EN LA HABITACIÓN DE UN HOTEL

(lugar y fecha)

Hotel ....
....

Estuvimos pasando nuestras vacaciones de verano en su hotel, ocupando la habitación número ...

En el armario de la misma olvidamos ...

Les agradeceríamos mucho que, si lo encuentran, nos lo remitan por correo o a través de una agencia de transportes, a pagar en destino.

Esperamos no causarles demasiadas molestias con nuestro ... olvidado en su hotel.

Atentamente,

(firma)

CARTA DE PROTESTA POR LOS MALOS SERVICIOS RECIBIDOS EN EL HOTEL

(lugar y fecha)

Sr. Director del Hotel .....
....

Sentimos tener que mandarle esta carta, cuyo contenido no creemos resulte de su agrado, pero nos parece que debería estar

160

informado de las pocas atenciones que sus empleados dedican a los huéspedes de su hotel.

Mi marido y yo tuvimos el gusto de alojarnos durante nuestro viaje de novios, hace ya diez años, en su hotel, y la verdad es que guardábamos un grato recuerdo de nuestra estancia. Recuerdo que no se ha parecido en nada a lo que hemos visto estos días aquí.

Ciertamente, el servicio que ofrece su hotel es muy defectuoso, empezando por la limpieza de las habitaciones y terminando por la calidad de la comida.

No esperábamos un servicio tan deficiente en un hotel como el suyo, que pretende encuadrarse entre los de cuatro estrellas.

Sentimos mucho tener que enviar esta carta, igual que sentimos tener que decirle que, tal vez, no volvamos nunca más a su hotel si las condiciones no mejoran.

Atentamente,

(firma)

CARTAS AL BANCO

El banco ha dejado de ser aquel lugar en el que se depositaban los ahorros para que nos devengaran unos intereses.

En los últimos años se ha ido convirtiendo en una entidad totalmente imprescindible para cualquier ciudadano.

Los múltiples servicios que nos ofrece representan una ayuda sumamente eficaz, especialmente por la escasez de tiempo que todos padecemos. A través de la cuenta corriente o de la libreta de ahorro, podemos hacer efectivos todos los recibos periódicos, ahorrándonos preocupaciones, gestiones y tiempo.

Los bancos disponen de unos impresos que, con sólo rellenarlos y firmarlos, nos permiten domiciliar los recibos. Pero no siempre podremos personarnos en el banco para hacer estas gestiones. En estos casos, mandaremos una carta exponiendo las operaciones que deseamos que nos realicen en nuestra cuenta.

Veremos, pues, ahora, algunos ejemplos de cartas sobre temas bancarios que surgen con suma frecuencia:

CARTA A UNA ENTIDAD BANCARIA
PARA QUE NOS DOMICILIE LOS RECIBOS DEL ALQUILER DEL PISO

(lugar y fecha)

Banco .... (o Caja)
Agencia (o sucursal) n.º ....

Ruego a ustedes que, a partir de esta fecha y hasta nuevo aviso, se sirvan pagar con cargo a mi cuenta corriente (o libreta de ahorro) los recibos correspondientes al alquiler de mi piso, y cuyos detalles especifico al pie de este documento.

En la confianza de verme complacido, aprovecho la ocasión para saludarles muy atentamente,

(firma)

- Nombre del titular del piso ....
- Domicilio (ciudad, calle, número y piso) ....
- Cantidad mensual ....
- N.º cuenta corriente (o libreta de ahorro) ....
- Titular de la cuenta ....

CARTA A UNA ENTIDAD BANCARIA
PARA QUE NOS DOMICILIEN LOS RECIBOS DE LA LUZ Y DEL GAS

(lugar y fecha)

Banco .... (o caja)
Agencia (o sucursal) n.º ....

Ruego a ustedes se sirvan atender, con cargo a mi cuenta corriente n.º ..., los recibos que, a partir de hoy, lleguen de la Compañía de Gas y de Electricidad, de mi piso situado en la calle ..., n.º ..., puerta ...; y que figuren a mi nombre.

Agradecido de antemano, les saludo atentamente,

162

(firma)

CARTA A UNA ENTIDAD BANCARIA
PARA QUE NOS DOMICILIE UNA SUSCRIPCIÓN

(lugar y fecha)

Banco .... (o caja)
Agencia (o sucursal) n.º ....

Les agradeceré que, a partir de la fecha de hoy se sirvan atender los recibos correspondientes a las suscripciones de la revista ... con cargo a mi cuenta de ahorro n.º ... de su Agencia.

En espera de verme complacido, les saluda atentamente,

(firma)

CARTA A UNA ENTIDAD BANCARIA ROGANDO QUE DEJEN DE PAGAR
UNOS RECIBOS DOMICILIADOS EN NUESTRA CUENTA HASTA LA FECHA

(lugar y fecha)

Banco .... (o Caja)
Agencia (o sucursal) n.º ....

Les agradeceré que, a partir del primero del próximo mes de ..., no paguen los recibos correspondientes a nuestra cuota de socios del Club de Natación Barcelona, por habernos dado de baja del mismo.

Suponemos que no se los pasarán al cobro, pero ante la posibilidad de algún error, rogamos tomen nota de ello.

Atentamente, les saluda,

(firma)

CARTA A UNA ENTIDAD BANCARIA SOLICITANDO UN PRESTAMO

(lugar y fecha)

Sr. Director del Banco ....
....

Distinguido señor:
Ya hace casi dos años que opero con su entidad bancaria, te- **163**

niendo domiciliados en ella todos mis recibos y gestionando, a través de ustedes, todas las operaciones que llevo a término.

Durante el transcurso de todo este tiempo, usted habrá podido observar la seriedad y prontitud en mis pagos, así como la liquidez que presentan siempre mis cuentas corrientes y libretas de ahorro.

En estos momentos, necesitaría que ustedes me concedieran un préstamo, por valor de ... pesetas, para poder efectuar el pago de una máquina nueva que he adquirido en mi empresa textil. Como usted comprenderá, no dispongo de una cantidad tan elevada, por lo que recurro a ustedes en solicitud de la misma.

Espero puedan atenderme y me informen más ampliamente de los requisitos y condiciones necesarios para la tramitación del mismo.

En espera de sus noticias, le saluda atentamente,

(firma)

- Nombre completo ....
- Dirección ....
- N.º de cuenta ....

CARTA A UNA ENTIDAD BANCARIA
PARA QUE CANCELEN NUESTRA CUENTA CORRIENTE

(lugar y fecha)

Banco .... (o Caja)
Agencia (o sucursal) n.º ....

Agradecería cancelaran mi cuenta corriente n.º ..., traspasando el saldo que hay en ella a la libreta de ahorro que poseo juntamente con mi esposa, n.º ...

Atentamente les saluda,

(firma)

CARTA A UNA ENTIDAD BANCARIA PARA QUE ACUDAN A NUESTRA LIBRETA DE AHORRO EN CASO DE NO TENER SUFICIENTE DINERO EN LA CUENTA CORRIENTE PARA PAGAR UN RECIBO O UNA LETRA

(lugar y fecha)

Banco .... (o Caja)
Agencia (o sucursal) n.º ....

Agradecería que, caso de no disponer en nuestra cuenta corriente n.º ... del dinero suficiente para hacer algún pago a nuestro cargo, se sirvan utilizar el depositado en nuestra libreta de ahorro n.º ...

Gracias, una vez más, por sus servicios. Reciban un atento saludo.

(firma)

CARTA A UNA ENTIDAD BANCARIA PARA SOLICITAR UNA APERTURA DE CREDITO CON PIGNORACIÓN

(lugar y fecha)

Banco .... (o Caja)
Agencia (o sucursal) n.º ....

Agradeceríamos nos comunicaran, lo antes posible, si pueden abrirnos un crédito por valor de ... pesetas, para lo cual depositaríamos los siguientes títulos ... (relación de los mismos).
Les rogamos nos indiquen si son suficientes los valores detallados como garantía.

En espera de sus noticias, les saludan atentamente,

(firma)

CARTA A UNA ENTIDAD BANCARIA SOLICITANDO UN ANTICIPO SOBRE LETRAS A COBRAR

(lugar y fecha)

Sr. Director del Banco ... (o Caja)
Agencia (o sucursal) n.º ....

Distinguido señor:
Desde hace varios años vengo operando en su Banco, efec-

165

tuando a través de él todas las operaciones de mi empresa. Durante este tiempo habrá podido comprobar la prontitud con que hacemos los pagos y la buena liquidez con que siempre hemos contado.

En estos momentos nos vemos obligados a ampliar nuestros locales, el alquiler de los cuales pasa a ascender ... pesetas más que los anteriores. En estos momentos no disponemos de la cantidad.

Agradeceríamos nos concediera un anticipo de un 40 % sobre las letras que a partir de ahora podremos presentar al cobro.

Todas las letras van a cargo de empresas de conocida solvencia, por lo que no creo sea ningún riesgo para ustedes concedernos el anticipo sobre las mismas.

En espera de su respuesta afirmativa, les saluda atentamente,

(firma)

CARTAS DE ÓRDENES DE CREDITO

Con este tipo de cartas una persona o entidad se dirige a otra solicitándole que pague al beneficiario de la misma una cantidad, cuyo límite determina, en una o varias veces, e indicando también el plazo máximo para hacerlo.

Las cartas de crédito se entregan al beneficiario de las mismas, quien firmará al pie, y cuya firma sirve de comprobante de su personalidad en el momento de efectuar el cobro. Se extiende un recibo por duplicado del pago efectuado, uno de los cuales se envía al que había extendido la carta de crédito, como comprobante de haber efectuado el pago.

Las cartas de crédito circulares son las que van dirigidas a varias personas o entidades de distintas localidades.

Las entidades bancarias acostumbran a extenderlas para que sus clientes puedan efectuar cobros en todas sus sucursales.

En estos casos, las cantidades entregadas se anotan al dorso, para que en las sucesivas entidades bancarias puedan comprobar la cantidad que pueden hacer efectiva para no excederse del importe máximo que figura en la carta de crédito.

CARTAS A UN GESTOR

Cada día, precisamos más los servicios que nos puede ofrecer un gestor. Éste se ocupa de todos los papeles referentes a nuestro coche, pasaporte, declaración de renta, etc.

Es tal la complicación que el papeleo requiere, y tanto el tiempo que se pierde ocupándose uno mismo de los asuntos, que es mucho más rentable y eficaz encargar a un gestor su tramitación.

Éste nos asesorará y nos pondrá sobreaviso cuando se acerque su caducidad y haya que tramitar la consecuente renovación.

Lógicamente, las gestiones las podemos hacer nosotros mismos dirigiéndonos directamente a los organismos competentes.

CARTA PARA PEDIR LA TRAMITACIÓN DE UN PASAPORTE

(lugar y fecha)

Gestoría administrativa ...

....

A la atención del Sr. ... (en caso de ser clientes habituales y conocer al gestor personalmente):

Les ruego me tramiten un pasaporte nuevo, ya que el actual me caducará aproximadamente dentro de un mes.

Les adjunto las fotografías necesarias y les agradeceré que me hagan llegar por Correos los impresos que debo firmar.

Desearía que me comunicaran con una cierta anticipación el día concreto en que debemos encontrarnos en Jefatura de Policía, en la sección de Pasaportes, para la firma del mismo.

Atentamente, les saluda,

(firma)

CARTA AL GESTOR PARA RENOVAR EL PERMISO DE CONDUCIR

(lugar y fecha)

Gestoría administrativa ...

....

Estoy en posesión del permiso de conducir de 2.ª clase desde el año ... Dentro de pocas semanas va a caducar, por lo que les agradecería se hicieran cargo de tramitarme la renovación del mismo.

167

Veamos algunos ejemplos de cómo deben redactarse los textos para pedir las partidas de nacimiento, la tramitación de los pasaportes, los permisos de conducir, etc., a un gestor de nuestra confianza.

Como es de suponer, si se trata de nuestro primer contacto con el gestor haremos constar siempre nuestra dirección completa.

Podemos solicitar que nos envíe los documentos con carácter de urgente, si el tiempo apremia.

PETICIÓN DE LA PARTIDA DE NACIMIENTO

(lugar y fecha)

Sr. D. ....
....

Agradecería mucho me hiciera llegar, contra reembolso, mi partida de nacimiento legalizada.

Mis datos son los siguientes:

- Nombre ....
- Apellidos ....
- Nacido en ....
- Provincia de ....
- Fecha ....
- Nombre del padre ....
- Nombre de la madre ....

En espera de sus noticias, le saluda atentamente,

(firma)

PETICIÓN DEL CERTIFICADO DE PENALES

Siempre que pidamos un certificado de penales debemos hacer constar el motivo por el que lo solicitamos.

(lugar y fecha)

Gestoría administrativa ...
....

Agradecería me enviaran, lo antes posible, un certificado de penales para el pasaporte.

Mis datos personales son los siguientes:

* Nombre ....
* Apellidos ....
* Edad ....
* Natural de ....
* Provincia de ....
* Nombre del padre ....
* Nombre de la madre ....

Puede enviármelo contra reembolso.

Agradecido de antemano, le saluda atentamente,

(firma)

CARTA AL GESTOR PARA QUE NOS TRAMITE EL PAGO DEL IMPUESTO DE CIRCULACIÓN

(lugar y fecha)

Gestoría administrativa ...

....

A la atención de D. ....

Le agradecería se hiciera cargo del pago del Impuesto de Circulación de mi vehículo marca ..., de CV ..., con matrícula ..., a nombre de .., con domicilio en ... de ...

Le abonaré los gastos en el momento de la recepción de los documentos, contra reembolso.

Atentamente, le saluda,

(firma) **169**

CARTA AL GESTOR PARA QUE NOS TRAMITE LA DECLARACIÓN DE RENTA Y PATRIMONIO

(lugar y fecha)

Gestoría administrativa ...

....

A la atención del Sr. ......

Le adjunto los impresos, debidamente cumplimentados, referentes a la Declaración anual de la Renta y del Patrimonio, para que los presente, en su momento, en la Delegación de Hacienda.

Ruego me comunique si falta algún documento para proceder a su rápida cumplimentación y envío.

Reciba un cordial saludo.

(firma)

CARTA AL GESTOR PARA QUE NOS TRAMITE EL CARNET DE FAMILIA NUMEROSA

(lugar y fecha)

Gestoría administrativa ...

....

Les agradecería se hicieran cargo de la tramitación de mi carnet de familia numerosa, para lo cual les tendré a bien me envíen los formularios a rellenar y los documentos que deben acompañarles.

Pagaré sus servicios al recibir el carnet, contra reembolso.

Gracias anticipadas y un atento saludo.

(firma)

CARTAS A LA SEGURIDAD SOCIAL, MUTUA Y COMPAÑÍA DE SEGUROS

Hoy en día, no existe prácticamente nadie que no pertenezca a la Seguridad Social o esté afiliado a alguna mutua, o que no tenga extendida alguna póliza de seguros.

170

Es también muy frecuente adquirir seguros de vida, de entierro, de accientes, de enfermedad ...

Serán, pues, muchas las ocasiones en las que deberemos ponernos en contacto con la Seguridad Social o con las diferentes compañías particulares aseguradoras.

Quienes pertenecen a la Seguridad Social del Estado, deben hacer sus gestiones por medio del Instituto Nacional de Previsión, en los departamentos pertinentes, según el asunto de que se trate.

Veamos algunos ejemplos de cartas dirigidas a estas entidades:

AVISO DE CAMBIO DE DOMICILIO

(lugar y fecha)

Compañía ....

....

Rogamos tomen nota, a los efectos oportunos, de nuestro traslado de domicilio a la calle ..., n.º ..., tel. ..., a partir del próximo mes de ...

Atentamente,

(firma)

- Nombre del afiliado ....
- N.º de póliza ....
- Domicilio hasta el momento ....

AVISO DE CAMBIO DE DOMICILIO A LA SEGURIDAD SOCIAL SOLICITANDO, AL MISMO TIEMPO, EL NOMBRE DEL NUEVO MEDICO DE CABECERA CORRESPONDIENTE

(lugar y fecha)

....

....

Rogamos tomen nota de nuestro domicilio, calle ..., n.º ..., a los efectos oportunos, y les agradeceremos nos indiquen el nom-

171

bre y dirección del médico de cabecera que nos corresponde en el nuevo sector de la ciudad al que nos hemos trasladado.

Gracias por su atención. Esperamos noticias suyas.

(firma)

- Nombre del abonado o afiliado ....
- Domicilio hasta el momento ....
- N.° de póliza ....

ALTA DE UN FAMILIAR EN LA ASISTENCIA MEDICA

(lugar y fecha)

....
.... (entidad y dirección)

Rogamos incluyan en nuestro seguro médico n.° ..., a mi padre, trasladado recientemente a vivir con nosotros, y cuyos datos detallamos a continuación:

- Nombre ....
- Apellidos ....
- Edad .... (lugar y fecha de nacimiento)
- Domicilio ....

Agradeceríamos nos notificaran el cambio en nuestra cuota mensual, y si tenemos que cumplimentar alguna formalidad.

Esperando sus noticias, les saludamos atentamente.

(firma)

BAJA DE UN FAMILIAR EN LA ASISTENCIA MEDICA

(lugar y fecha)

172   ....
.... (entidad y dirección)

Agradeceremos tomen nota de la baja del hasta ahora asegurado D. ..., con cartilla n.° ..., por fallecimiento del mismo.

Atentamente,

(firma)

BAJA DE UNA ASOCIACIÓN MEDICA POR SERVICIOS DEFECTUOSOS

(lugar y fecha)

....
.... (entidad y dirección)

Sentimos tener que darnos de baja de su asistencia sanitaria, después de tantos años de cotizar en la misma.

Afortunadamente, nunca habíamos necesitado de sus servicios. Ahora, en el momento de necesitarlos, hemos quedado muy descontentos, tanto de la asistencia médica, como de los servicios sanitarios.

Rogamos que, a partir del próximo mes, nos sea dada la baja de los mismos y dejen de pasar al cobro las correspondientes cuotas.

Atentamente,

(firma)

- Nombre de los afiliados ....
- N.° ....
- Domicilio ....

POR IRREGULARIDADES EN EL COBRO DE UNA PENSIÓN

(lugar y fecha)

....
....

Desde ya hace algunos meses, he observado ciertas irregularidades en las cantidades mensuales de la pensión que percibo desde la muerte de mi esposo.

173

Además, creo que tengo derecho, desde enero último, a un aumento de ... pesetas.

En espera de que se subsanará el error y se me abonarán los atrasos devengados, les saludo atentamente.

(firma)

- Nombre ....
- Domicilio ....

POR INCENDIO DE UNA CASA ASEGURADA

(lugar y fecha)

Compañía de seguros ...

....

Hace tres años exactamente que suscribí una póliza contra incendios en su Compañía, cuyo importe he venido satisfaciendo puntualmente.

La semana pasada se prendió fuego en la parte trasera de mi casa, a consecuencia de un rayo caído durante la fuerte tormenta que azotó toda la ciudad. Rápidamente se extendió hacia el garaje, teniendo graves dificultades para sofocarlo, aun con la ayuda del vecindario.

Les ruego manden un perito para valorar los daños del siniestro y proceder a su rápida indemnización.

Atentamente,

(firma)

- Nombre ....
- Domicilio ....
- Población ....
- N.º de póliza ....

A LA COMPAÑÍA DE SEGUROS, POR UN ACCIDENTE DE COCHE

174 Cuando se tiene un accidente de coche, se debe tomar nota de los datos del conductor con el que colisionamos, de su domicilio, número de póliza, Compañía aseguradora, etc., para poder dar parte a nuestra Compañía con el fin de que haga las reclamaciones pertinentes o cubra los daños causados en el otro vehículo, según quien fuere el culpable.

(lugar y fecha)

Compañía de seguros ...

....

Circulando esta mañana, día ..., a las ... horas, por la calle ..., conduciendo mi coche marca ..., con matrícula n.° ..., asegurado en su Compañía con póliza n.° ..., conducido por su propietario D. ..., en el cruce con las calles ... y ...

Al poner el coche en marcha, cuando se encendió la luz verde, y cruzar la calle, el mencionado coche, sin prestar atención a su disco rojo, cruzó la calle ..., colisionando con la parte delantera de mi utilitario, no siendo grave el accidente debido a la poca velocidad que había tomado mi vehículo.

La colisión ha causado considerables desperfectos en la parte dercha de mi automóvil.

Espero tomen medidas oportunas y manden a un perito al garage ..., de la calle..., donde lo he dejado para que procedan a la reparación.

Atentamente les saluda,

(firma)

ENVÍO DE LA FACTURA DE REPARACIÓN AL CAUSANTE DE LOS DESPERFECTOS EN UNA COLISIÓN

(lugar y fecha)

Sr. D. ....

....

Le adjunto factura de la reparación de mi automóvil, a consecuencia de la colisión habida en la calle ..., a la altura de ..., el pasado día de ... de ...

Ruego la transmita a su compañía aseguradora a fin de que sea resarcido del desembolso de dicha cantidad.

En espera de sus noticias, le saluda atentamente,

(firma)

CUANDO SE SOLICITA A ALGUIEN QUE HA VISTO LA COLISIÓN QUE ACTÚE COMO TESTIGO

(lugar y fecha)

Sr. D. ....
....
Distinguido señor:

Siento tener que molestarle, pero me he tomado esta libertad ya que usted amablemente se ofreció a declarar en mi favor, en el supuesto de que me fuera exigida alguna responsabilidad con respecto a la colisión de mi coche con el de marca ... y matrícula ..., perteneciente a D. ..., habida en la calle ..., el pasado día ...

Como sea que el citado señor niega rotundamente su culpabilidad, el caso se ha llevado ante el juez, por lo que le ruego acuda como testigo de mi parte el próximo día ..., a las ... horas, en el Juzgado n.° ...

Ruego disculpe las molestias y le agradezco de antemano su desinteresada colaboración.

Atentamente le saluda,

(firma)

SUSCRIPCIONES Y AFILIACIONES

Normalmente, y por regla general, tanto las suscripciones como las afiliaciones se formalizan mediante la cumplimentación de los impresos pertinentes y la firma de los mismos.

Las revistas y periódicos acostumbran a llevar un boletín de suscripción adjunto en el cual se indican el nombre, la dirección, la forma de pago escogida para el abono de las cuotas, etc. En el caso de afiliaciones, los organismos, entidades, clubs, etc., disponen también de impresos para la formalización de las mismas.

De hallarse en distinta ciudad, o no poder desplazarse a las oficinas correspondientes, puede solicitarse la suscripción o afiliación por carta, al recibo de la cual la oficina receptora enviará los correspondientes impresos para ser debidamente cumplimentados.

Veamos algunos ejemplos de boletín de suscripción:

(Membrete de la casa, con nombre y dirección)

D. ....
Con domicilio en .... Tel. ....
Profesión ....
Edad ....

Desea suscribirse al semanario ....
El abono de las cuotas lo hará: semestralmente

a través de c/c. n.° .... del Banco (o Caja) ....

(firma)

(lugar y fecha)

PARA SUSCRIBIRSE A UNA PUBLICACIÓN

... a .. de .. de 19...

Deseo suscribirme a su revista ...., a partir del próximo n.° de ....

— Domiciliaré los pagos en el Banco ...
— Envío el importe (cheque, transferencia, giro)
— Espero recibir reembolso

177

Nombre ....

Profesión ....

Domicilio ....

Población .... Dto. Postal ....

Provincia ....

Si se desea domiciliar los pagos, se llenará la parte inferior de la hoja en la que constará:

Banco o Caja de Ahorros ....

Sucursal ....

Población ....

N.° de cuenta ....

Titular de la cuenta ....

(firma)

CARTA PIDIENDO EL ENVÍO DEL BOLETÍN DE SUSCRIPCIÓN

(lugar y fecha)

Publicaciones ....

....

Considero muy interesante su publicación, tanto por los temas que generalmente trata como por la manera de plantearlos. Desearía que me enviara un boletín de suscripción para cumplimentarlo debidamente y recibir en mi domicilio su semanario.

Atentamente, les saluda,

(firma)

Nombre ....

Domicilio ....

Población ....

MODELO DE UN BOLETÍN PARA LA AFILIACIÓN A UN CLUB

D. ....

Domicilio .... Tel. ....

Profesión ....
Estado ....
Nombre del cónyuge ....
Hijos ....

Desea ser admitido como socio del Club ..., comprometiéndo-
se al cumplimiento de las normas que en él rigen.
El abono de las cuotas mensuales lo hará mediante su

C/c. n.º ....
L. ahorros n.º ....
Agencia ....
Población ....

(firma)

Lugar y fecha

QUEJAS Y RECLAMACIONES

A LA COMPAÑÍA TELEFÓNICA

(lugar y fecha)

Compañía Telefónica .....
....

Desde hace ya algunos días, nos encontramos sin línea en
nuestro aparato, pudiendo recibir llamadas pero no realizarlas.
Los arreglos efectuados por ustedes ante nuestras continuas
quejas son de escasa duración, ya que a los dos o tres días vol-
vemos a encontrarnos en la misma situación.
Rogamos hagan una inspección a fondo del tendido de nuestra zona, pues ya son varios los casos que se encuentran con los
mismos inconvenientes, muchos de los cuales, como los nuestros,
son domicilios profesionales a los que estas deficiencias en el servicio trastorna sensiblemente.

179

Esperando den rápida solución al asunto, les saludamos atentamente.

(firma)

A LA COMPAÑÍA DEL GAS

(lugar y fecha)

Compañía del Gas ....

....

Desconocemos las causas, pero actualmente estamos pagando los efectos de un mal e irregular servicio de la Compañía del Gas.

Sin recibir explicación alguna se corta, muy frecuentemente, en las horas punta del día. Puede que la anomalía sea debida a las obras que se efectúan en la calle, frente al inmueble en el que vivimos, situado en la calle ..., n.° ...

Rogamos se subsanen estas deficiencias lo antes posible y que, de tener que cortarse el suministro en algún momento, los vecinos seamos debidamente informados para poder organizar al efecto las tareas de limpieza.

En espera de ser correctamente atendidos, les saluda atentamente,

(firma)

RECLAMACIÓN A UNA CASA DE ELECTRODOMESTICOS

(lugar y fecha)

Eléctrica ....

....

Hace ya unos meses, compré en su tienda de la calle ..., un lavavajillas, marca ..., modelo ...

A los pocos días sufrió una pequeña avería, que ustedes arreglaron inmediatamente; otro desperfecto apareció al cabo de poco, que también fue reparado por sus técnicos. Muy a nuestro pesar, no acabó todo aquí: no han pasado tres o cuatro semanas sin que haya surgido algún nuevo contratiempo.

Les agradeceremos que pasen por nuestro domicilio y efectúen el cambio de dicho electrodoméstico por otro de la misma marca, pero sin defectos de fabricación, como el que ustedes nos sirvieron hace seis meses.

Creo que es de su incumbencia hacer las debidas reclamaciones a la fábrica. Nosotros se la compramos a ustedes, al contado, y tiene todavía medio año de garantía.

No queremos una nueva reparación, sino el cambio de la máquina por otra en óptimas condiciones, tal como lo requiere el prestigio de la marca y la seriedad de su tienda de electrodomésticos.

En espera de sus noticias, les saluda atentamente,

(firma)

Nombre ....
Domicilio ....
Ciudad ....

CARTAS PARA RECUPERAR OBJETOS PERDIDOS U OLVIDADOS

En caso de que queramos recuperar un objeto perdido u olvidado, iremos primero al lugar donde suponemos lo hemos olvidado.

Si nos los hemos dejado en un autobús, tren, taxi, aeropuerto, etcétera, deberemos acudir a las correspondientes oficinas de objetos perdidos, y de no encontrarlo allí, a la oficina municipal que presta el servicio en aquella zona.

PARA RECUPERAR UN OBJETO PERDIDO EN EL TREN

(lugar y fecha)

Estación de ....
....

Anteayer por la tarde viajé en el Talgo de Barcelona a París y olvidé un pequeño bolso de piel negro en el portamaletas. **181**

Viajaba en 1º clase, en un compartimiento con litera, en el vagón n.º ...

El bolso contenía toda mi documentación personal.

Por la importancia de su contenido, ruego a ustedes que, en caso de haberlo encontrado, me lo comuniquen urgentemente.

Agradecida, reciban un atento aludo.

(firma)

- Nombre ....
- Domicilio ....
- Localidad ....
- Teléfono ....

CARTA A LA OFICINA MUNICIPAL DE OBJETOS PERDIDOS

(lugar y fecha)

Ayuntamiento de ....
....

Objetos Perdidos

El pasado jueves, día ..., me encontraba en su ciudad y olvidé mi cartera en un taxi, con toda mi documentación personal en su interior.

Llamé a la central del taxi y me dijeron que la habían entregado en la oficina municipal.

Les rogaría que me la guardasen hasta el día ..., en que pasaré a recogerla en mi viaje de vuelta.

Gracias de antemano por su interés y atención.

(firma)

- Nombre ....
- Domicilio ....
- Localidad ....

DEL PARTICULAR A LA ADMINISTRACIÓN

El particular se dirige normalmente a la Administración mediante instancias, declaraciones, denuncias, cartas, etc. En este apartado hablaremos de cada uno de estos documentos en particular, señalando las normas oportunas que se exigen en cada uno de ellos.

CARTAS

Aunque la forma más habitual de dirigirse a la Administración sea la instancia, los particulares pueden hacerlo a través de cartas, siempre que las normas de procedimiento no exijan que se adopte una forma especial.

Deberá procurarse que el contenido de las mismas sea breve y conciso, cuidando la claridad de la exposición y la debida separación de párrafos.

En la parte superior de la carta, figurará el membrete con el nombre, apellidos y dirección, impresos o escritos a máquina o a mano; en este último caso, debe cuidarse la claridad de la letra. Se aconseja el uso de las mayúsculas o letras de palo.

Veamos ahora algunos ejemplos de cartas dirigidas a la Administración, donde podremos observar que, en el cuerpo de las mismas, se adopta un aire más coloquial si se conoce a la persona a quien se dirige, reservando las fórmulas de tratamiento para la dirección, y, en algún caso, el encabezamiento.

RECLAMACIÓN POR EL MAL SERVICIO DE RECOGIDA DE BASURAS

(lugar y fecha)

Ilmo. Sr. Alcalde de ....
....

Ilmo. Sr.:

Todavía no se ha solucionado el problema de la recogida de la basura en nuestro barrio. Parece que en otras zonas se han tomado medidas más o menos efectivas, pero en nuestras calles todo sigue igual.

Por la falta de regularidad en las horas de recogida, las bolsas de basura permanecen dos o más horas en la calle, precisamente en aquellas donde los chicos juegan.

Se trata de un problema de higiene. A menudo, su contenido se esparce por las aceras a consecuencia del juego de los niños o de los perros y gatos del lugar.

Todos esperamos mayor diligencia por parte de este Servicio, que ya está agotando la paciencia del vecindario del barrio de ...

Reciba un respetuoso saludo,

(firma y antefirma)

PETICIÓN DE COLABORACIÓN

(lugar y fecha)

Membrete
Ministerio de ....
Departamento de ....
MADRID

Distinguidos señores:

De todos es conocida la gran labor que ustedes vienen desarrollando, desde hace ya varios años, de promoción turística de pueblos y lugares con singular belleza y personalidad, y que permanecían ignorados tanto en el extranjero como en nuestro propio país. Es por este motivo que le escribo esta carta.

Existe un pequeño pueblo en la provincia de ...., llamado ...., con varias edificaciones de los siglos XVII y XVIII, desgraciadamente en muy mal estado de conservación. Incrementa el interés del lugar el buen número de jóvenes dedicados a la artesanía.

Desearía saber si podríamos contar con la ayuda y colaboración para iniciar el desarrollo turístico de la zona.

184   En espera de sus noticias, y con la seguridad de que tomarán el máximo interés por el asunto, me despido con mi más atento saludo.

(firma)

CARTA DE AGRADECIMIENTO A UNA AUTORIDAD

(lugar y fecha)

Membrete
Ref./
Ilmo. Sr. D.
Director General de ....
Ministerio de ....
MADRID

Distinguido señor:

En nombre de la directiva y de toda la plantilla de nuestra factoría de ..., situada en ... y que usted visitó hace ya un mes, me gustaría agradecerle el interés que ha demostrado por su puesta en marcha, desde que tuvo conocimiento del proyecto, y que ha hecho posible la realización de una obra tan necesaria.

Creo, sinceramente, que obtendremos inmejorables resultados, ya que son muchos los factores que se unen al propósito de que así sea. En primer lugar, la entidad promotora que, con una clara visión de las necesidades de la comarca en particular, y del país en general, puso todos sus esfuerzos para lograr una rápida puesta en marcha, luego el cuadro de técnicos escogido con suma atención, y que une a su competencia un interés digno de alabar. Y, por último, los productores —tanto peones como especializados— que encuentran puestos de trabajo en su propia localidad.

Gracias, una vez más, por su interés.

En espera de verle de nuevo entre nosotros, le saluda cordialmente,

(firma y antefirma) **185**

INSTANCIAS Y SOLICITUDES

La instancia es un escrito con el que se pide o solicita algo de la Administración o de algún organismo o entidad.

La instancia recibe distintos nombres, según a quien se dirija:

- *Memorial:* si se dirige al Sumo Pontífice, a un monarca, al Jefe de Estado, etc.
- *Exposición:* si se dirige a las Cortes.
- *Solicitud:* si se dirige a cualquiera de los órganos o cargos no citados.

MANERA DE PRESENTAR UNA INSTANCIA

Deberemos escribirla en un papel de formato folio. Se aconseja, a ser posible, el empleo del UNE A-4 (210 x 297 mm).

Escribiremos siempre a máquina, procurando separar debidamente los párrafos. Si por fuerza mayor escribimos a mano, cuidaremos la claridad de los nombres, apellidos y datos de interés usando letra de imprenta.

El margen izquierdo será tanto más ancho cuanto mayor sea la importancia del órgano o autoridad a que se dirige. Oscilará entre casi un tercio del ancho del papel, hasta la mitad, si se trata de un memorial. En la parte superior se dejará un espacio proporcional al del margen izquierdo. En cuanto al derecho, se observarán las mismas normas que en los demás escritos.

Debemos tener en cuenta que la mayoría de instancias llevan pólizas en la parte superior.

FORMA DE LA INSTANCIA

Se recomienda el siguiente orden en la redacción:

- Irá encabezada con el tratamiento correspondiente a la autoridad a quien se dirige.
- Datos personales del interesado (nombre, apellidos, domicilio, profesión, DNI, y lo que en cada caso sea preciso hacer constar).

- Datos personales del representado, si no se actúa personalmente.
- Exposición de los hechos y razones, precedidos del término EXPONE escrito con caracteres destacados, que sirve de base a la petición. Si son varios, hay que ponerlos en párrafos independientes y numerados. Generalmente van precedidos de la partícula «que».
- Solicitud en la que se concrete, con toda claridad, el objeto de la petición. Se iniciará con la palabra SOLICITA, escrita también con caracteres destacados.
- Relación de documentos que se acompañan, en caso de haberlos.
- Fórmulas usuales de cortesía.
- Lugar y fecha.
- Firma.
- Órgano al que se dirige (o autoridad).

Muchas veces, el término SUPLICA sustituye a SOLICITA, pero consideramos más adecuado el uso de este último, ya que deben evitarse, cuando sea posible, las palabras que estén en desacuerdo con nuestro lenguaje habitual.

Las fórmulas de cortesía que se usan cuando la solicitud va dirigida a una autoridad pueden ser múltiples y variadas; pero en la actualidad, han quedado prácticamente reducidas a las siguientes:

- Dios guarde a (tratamiento adecuado, al mismo que encabeza el escrito, y abreviado: V.I., V.E., etc.) muchos años.
- Lo que espera obtener del recto proceder de ... (tratamiento), cuya vida guarde Dios muchos años.
- Es gracia (o favor) que no duda alcanzar de ... (tratamiento), cuya vida guarde Dios muchos años.

La fecha va precedida del nombre de la población desde donde se formula la solicitud.

El día y el año se escriben con números.

Es frecuente hacer constar no sólo el nombre de la población desde donde se envía el escrito, sino también el de la población en que radique el organismo a quien se dirige.

Dejaremos siempre espacio suficiente para la firma. La instancia no lleva nunca antefirma, ya que consta claramente al principio del documento.

Al pie de la hoja, dejando un margen a la izquierda de unos tres centímetros, escribiremos en mayúsculas el nombre de la autoridad y órgano al que dirigimos la solicitud, y el lugar en que radica.

Las instancias pueden ser redactadas en primera o tercera persona, usando, según los casos, los términos EXPONGO y SOLICITO, o bien EXPONE y SOLICITA.

Se acostumbra a escribir a un solo espacio, dejando dos entre los distintos párrafos.

Veamos algunos ejemplos:

SOLICITUD DE LICENCIA DE APERTURA DE ESTABLECIMIENTO

Excmo. Sr.:

D. ..., mayor de edad, de profesión ..., domiciliado en ..., calle ..., n.º ..., provisto del D.N.I. n.º ..., a V.E.

EXPONE: Que desea abrir un local destinado al ejercicio de la industria (o comercio, o profesión) de ... sujeta al epígrafe n.º ... de la Licencia Fiscal del Impuesto de Actividades Económicas, en la calle ..., n.º ... a V.E.

SUPLICA: Que, habiendo por presentado este escrito, lo admita, y a su tenor, le conceda la Licencia de Apertura de la Industria (o comercio, etc.) solicitada.

Dios guarde a V.E. muchos años.

... a .. de ... de 199...

(firma)

EXCMO. SR. ALCALDE-PRESIDENTE DEL AYUNTAMIENTO DE ...

SOLICITUD DE SUBVENCIÓN PARA UNA ESCUELA

Excmo. Sr.:

Rosa Amengual Rodríguez, mayor de edad, casada, licenciada en Letras, con domicilio en Barcelona, calle Mallorca, número 33, provista del DNI n.º 33.456.980, actuando como directora de la Escuela ..., ubicada en ..., calle ... de Barcelona, a V.E.

EXPONE: 1.º Que conforme se detalla en la Memoria adjunta, el próximo mes de ..., coincidiendo con la inauguración del curso académico, abrirá sus aulas la antes indicada Escuela de ... apoyadas en firmas y personalidades de gran prestigio en la ..., la nueva Escuela no pretende sino coadyuvar a la promoción de ...
2.º Que carece, por el momento, de amplias disponibilidades económicas, por lo que requiere, para su puesta en marcha, subvenciones de todo tipo, especialmente las de orden estatal.
    Por todo lo cual, a V.E.

SOLICITA: Que, tras los trámites oportunos, se sirva ordenar la concesión, a la Escuela de ... que dirige, una subvención de *quinientas mil pesetas* (500.000,—), en atención a las necesidades de la misma, así como a los grandes beneficios que para la economía nacional y el país importa la existencia de la indicada Escuela.

Dios guarde a V.E. muchos años.

(firma)

EXCMO. SR. ALCALDE-PRESIDENTE DEL AYUNTAMIENTO DE BARCELONA

LICENCIA DE OBRAS MAYORES

A toda solicitud de Licencia de Obra Mayor debe adjuntarse la siguiente documentación:

• Planos con Memoria, firmados por un arquitecto y aparejador. **189**

- Declaración jurada del arquitecto y aparejador, en que acreditan hacerse cargo de la dirección de la obra.
- Rellenar los impresos de la Fiscalía de la Vivienda, con características de la obra, si se trata de viviendas.
- Cuando pasa de 10 viviendas o de 4 plantas, petición de antena colectiva, con declaración ante la delegación del Ministerio de Información y Turismo.
- En obras cercanas a la vía férrea y a la carretera nacional o provincial, se precisa autorización de la Renfe y del Ministerio de Obras Públicas, o de la Diputación Provincial.

Excmo. Sr.

D. ..., mayor de edad, casado, domiciliado en ... calle ..., n.º ..., provisto del D.N.I. n.º ... a V.E.

EXPONE: Que pretende construir un edificio, en la calle ... en el solar que corresponde a los números ..., destinado a viviendas, según plano que adjunto se acompaña, y bajo la dirección del Arquitecto D. ... y del Aparejador D. ... y por el Contratista D. ..., provisto del Carnet de Empresa n.º ... y alta Licencia Fiscal, a V.E.

SUPLICA: Que, habiendo por presentado este escrito, junto con la documentación que se acompaña, lo admita; tenga a bien hechas las manifestaciones del mismo, y, a su tenor, le sea concedida la licencia de obras de construcción del edificio solicitado.

Dios guarde a V.E. muchos años.

Barcelona, a ... de ... de 199...

(firma)

EXCMO. SR. ALCALDE-PRESIDENTE DEL AYUNTAMIENTO DE BARCELONA

DERECHO DE PETICIÓN

190 Cualquier ciudadano puede dirigir individualmente sus peticiones al Jefe de Estado, a las Cortes y a las Autoridades. Según el *artí-*

culo 372 de la Ley de Régimen Local, toda persona domiciliada en el término municipal, e interesada en un asunto, podrá dirigir peticiones a las autoridades y corporaciones locales, en materia de su competencia.

En cualquier caso, dicha petición puede complementarse en solicitud de actos o decisiones de las autoridades o poderes públicos, en materias de su competencia, o en peticiones de mejoras de servicios y denuncia de irregularidades administrativas.

Para ello no se exige ningún formato o modelo especial; se supone que es extensivo el formulario de las instancias.

Veamos un ejemplo:

DERECHO DE PETICIÓN AL PRESIDENTE DEL GOBIERNO

Excmo. Sr.:

D.ª ..., mayor de edad, viuda, con domicilio en ..., calle ..., n.º ..., de ... años de edad, a, V.E.

EXPONE: Que percibe una pensión de viudedad de la Seguridad Social de ... pesetas mensuales.

Que viviendo, como vive, sola, y no pudiendo tener otro ingreso que el de la referencia, y hallándose desamparada de sus familiares y amigos y no pudiendo hacer frente a los gastos de supervivencia mínimos, dada la exigüidad de las ... pesetas mensuales y las necesidades que tiene, y el coste de las mismas,

A.V.E. acude, como único recurso, y en su virtud

SUPLICA: Que, vista la instancia presentada, la atienda V.E,., en atención a las circunstancias desesperadas en que se encuentra.

Es gracia que espera alcanzar de V.E., cuya vida guarde Dios muchos años.

De ... para Madrid, a ... de ... de 199...

(firma)

EXCMO. SR. PRESIDENTE DEL GOBIERNO. MADRID   **191**

RECLAMACIONES

Las reclamaciones son escritos interpuestos ante la Autoridad que dicta el acto reclamado. En general, se refieren a actos de carácter provisional.

Normalmente, la interpone aquel a quien afecte el acto dictado por la Autoridad, o que tenga un interés legítimo en el mismo. El formato más usual es el mismo de la instancia.

En él haremos constar:

- Datos personales.
- Referencia al acto reclamado.
- Motivos que se alegan.
- Petición de revocación o modificación del acto reclamado.
- Lugar y fecha.
- Firma.
- Autoridad ante la cual se presenta.

Observemos los siguientes ejemplos:

RECLAMACIÓN SOBRE LA APLICACIÓN DE CONTRIBUCIONES ESPECIALES

Excmo. Sr.:

D. ..., casado, domiciliado en ..., n.° ..., con D.N.I. n.° ..., a V.E.

EXPONE: Que habiéndose expuesto al público, en el Boletín Oficial de la Provincia, n.° ..., de fecha ..., el expediente de aplicación de Contribuciones Especiales de la calle ..., en la que figura el reclamante, con una cuota de ... pesetas.

Que, examinando el expediente, ha podido comprobar un error de hecho en la medición de la largura de la fachada de mi propiedad, ya que siendo ésta de ... metros, se me ha equivocadamente puesto ... metros.

Que suponiendo todo ello una modificación o alteración de la cuota asignada, a V.E.

SOLICITA: Que habiendo por presentado este escrito, se tenga por interpuesta reclamación contra la cuota asignada, se tengan por hechas las manifestaciones del cuerpo del mismo y, a su tenor, se subsane el error denunciado, y con él la cuota asignada.

Dios guarde a V.E. muchos años.

Barcelona, a ... de ... de 199...

(firma)

EXCMO. SR. ALCALDE-PRESIDENTE DEL AYUNTAMIENTO DE BARCELONA

RECLAMACIÓN POR HABER SIDO EXCLUIDO EN UNA OPOSICIÓN

Excmo. Sr.:

D. ..., casado, domiciliado en ..., calle ..., n.° ..., provisto del D.N.I.: n.° ..., a V.E.

EXPONE: Que habiéndose publicado en el B.O.E. de fecha ... la lista provisional de admitidos y excluidos en la oposición convocada por esa Corporación, con fecha ..., para Auxiliares del Grupo de Administración General, y apareciendo excluido de la misma, sin razón o fundamento que lo justifique, ya que considera que reúne y cumple con los requisitos formales exigidos, a V.E.

SOLICITA: Que habiendo por presentado este escrito, y a su tenor, rectificar la lista de admitidos y excluidos, incluyéndole de los primeros y excluyéndole de los segundos.

Dios guarde a V.E. muchos años.

Barelona, a ... de ... de 199...

(firma)

EXCMO. SR. ALCALDE-PRESIDENTE DEL AYUNTAMIENTO DE BARCELONA

DECLARACIONES

Las declaraciones son el medio normal a través del cual un particular manifiesta a la Administración la existencia de ciertos hechos.

Las declaraciones pueden ser escritas o verbales. En este libro nos ocuparemos sólo de las escritas.

Toda declaración escrita deberá ajustarse a la siguiente forma:

• Datos del declarante (nombre, apellidos, domicilio, profesión, DNI, etc.).
• Contenido de la declaración.
• Lugar y fecha.
• Firma.
• Órgano al que se dirige.

Si la declaración se hace a petición de la Administración, se consignará la referencia del escrito que se cumplimenta.

Se recomienda escribirlas en formato folio UNE A-4 (210 x 297 mm), dejando un margen parecido al de las cartas.

La fórmula de la declaración podría ser:

DECLARA BAJO SU RESPONSABILIDAD, y en relación con el expediente … (en caso de haberlo).

Si la declaración es jurada, dirá:

DECLARA BAJO JURAMENTO, y en relación …

Veamos un ejemplo:

DECLARACIÓN (SIMPLE) DE BAJA DE ANUNCIOS

D. …, domiciliado en …, calle …, profesión …, teléfono n.° …, con D.N.I. n.° …, expedido en …, con fecha …

DECLARA BAJO SU RESPONSABILIDAD, que ha retirado el anuncio luminoso, que figuraba en la entrada de su establecimiento, sito en la calle …, n.° …, con la leyenda de «… (texto del anuncio) …», a efectos de que sea dado de baja del Patrón de la Tasa correspondiente.

Barcelona, a … de … de 199…

(firma)

EXCMO. SR. ALCALDE-PRESIDENTE DEL AYUNTAMIENTO DE BARCELONA

DENUNCIAS

Toda denuncia deberá contener los siguientes datos:

• Datos personales del denunciante (nombre, apellidos, domicilio, profesión, DNI, etc.).
• Objeto de la denuncia: los hechos deben exponerse de forma clara y concisa.
• Documentos que se acompañan (si los hay), relacionados y numerados.
• Lugar y fecha.
• Firma.
• Órgano al que se dirige.

Se recomienda escribirlas en formato folio, y siempre que sea posible en el UNE A-4 (210 x 297 mm). Dejaremos siempre un margen a la izquierda, como si se tratara de una carta.

Esquema que debe seguir toda denuncia:

D. …, con domicilio en …, calle …, n.° …, teléfono n.° …, profesión …, D.N.I. n.° …

DENUNCIA bajo su responsabilidad los hechos siguientes (se exponen los hechos concreta, ordenada y brevemente):

(lugar y fecha)

(firma)

Órgano a quien se dirige

195

DENUNCIA POR DAÑOS CAUSADOS A BIENES DE DOMINIO PÚBLICO

D. ..., con domicilio en ... calle ..., n.º ..., tel. ...
de profesión ..., provisto del D.N.I. n.º ...

DENUNCIA bajo su responsabilidad los hechos siguientes:

Que el día ..., a las ... horas, un camión con matrícula ..., colisionó de frente con la farola del alumbrado público de este Ayuntamiento, sita en la calle ..., a la altura del inmueble n.º ..., produciendo considerables desperfectos en la misma.

..., a ... de ... de 199...

(firma)

EXCMO. SR. ALCALDE-PRESIDENTE DEL AYUNTAMIENTO DE ...

CARTAS AL DIRECTOR

Las cartas al director son todas aquellas que se envían a una publicación, ya sea diaria, semanal, mensual, etc., y que van dirigidas al «Director» no especialmente para que él las lea, sino para que sean publicadas en la sección que la mayor parte de los periódicos y revistas les dedican.

Por medio de estas cartas, el lector puede expresar una opinión respecto al periódico en sí, sobre cualquier tema de interés público.

La sección «Cartas al Director» viene a ser una tribuna abierta, una oportunidad para todos aquellos que tienen algo interesante que decir, de poderlo exponer y de que sea leído. Es un medio para protestar o alabar, atacar o defender determinados hechos, situaciones o actuaciones; o, simplemente, para denunciar su existencia.

Evidentemente, no se publican todas las cartas que se envían. En la redacción del periódico o revista se sigue un riguroso proceso de selección. Las cartas deben tener un interés público o, por lo menos, para los lectores del medio en el que pretenden ser publicadas.

Toda carta debe ir firmada. No es elegante expresar una opinión y no hacerse responsable de la misma.

Veamos algunos ejemplos:

SOBRE LA NACIONAL-340

(lugar y fecha)

Sr. Director de ....
....

Distinguido señor:

Me gustaría felicitar a los organizadores de los Juegos Olímpicos por las grandes obras llevadas a cabo hasta el momento para solucionar el tráfico de Barcelona.

Pero esta mejora no ha beneficiado a todas las cercanías de la ciudad, como es el caso de la zona de Corbera de Llobregat, por la que pasa la N-340. Por ello rogaría a la Administración que tomara las medidas oportunas para que no se formen las largas colas habituales.

(firma)

SOBRE EL ESCÁNDALO DEL PRECIO DE LA GASOLINA

(lugar y fecha)

Sr. Director de ....
....

Distinguido señor:

Sin la más mínima justificación ni explicación pública, la gasolina súper ha subido 16 pesetas desde que entró en vigor el nuevo sistema de precios máximos de venta de productos petrolíferos el 7/1990.

Y cuando digo sin la más mínima justificación, me refiero a que del incremento de 16 pesetas por litro, 14'3 pesetas se han

197

debido a las sucesivas subidas de los impuestos sobre carburantes, más la del IVA, mientras que en el mercado internacional el precio del barril en este período apenas ha variado. O, lo que es lo mismo, la repercusión real de la subida del barril hubiera representado un aumento sobre los precios de la gasolina súper de 1,70 pesetas por litro durante este tiempo.

Mientras tanto, la economía en general y las economías privadas siguen aguantando a duras penas. Mi pregunta es: ¿hasta cuándo podremos soportar la actual escalada impositiva?

(firma)

FELICITACIÓN A UN PERIODISTA POR UNA LABOR CULTURAL REALIZADA

(lugar y fecha)

Sr. Director de ....
....

Distinguido señor:

Permítame desde aquí alabar la labor realizada por el conocido y prestigioso periodista, en la columna semanal que aparece desde hace seis años en su periódico.

Creo que es digno de los mayores elogios al haber conseguido interesar al público por algo tan noble como es el teatro y la literatura en general, especialmente en una ciudad de provincias como la nuestra.

Le felicito por la sencillez con que expone los temas, haciéndolos comprensibles para todos, aun para aquellos que, como yo, no hemos tenido la suerte de cursar otros estudios que los de Enseñanza Primaria.

Mi más sincero agradecimiento al Sr. ..., por la labor que lleva a cabo en beneficio de la cultura de nuestro pueblo.

Atentamente,

(firma)

BIBLIOGRAFÍA

ALLES, F. y P. ABAD: *Curso de redacción*, Barcelona, Editorial De Vecchi, 1989.

EQUIPO DE EXPERTOS 2100: *La nueva correspondencia privada y comercial*, Barcelona, Editorial De Vecchi, 1993.

MATA, R. M.: *El gran libro de la moderna correspondencia comercial y privada*, Barcelona, Editorial De Vecchi, 1992.

ÍNDICE